APRÈS LA GUERRE

COMMENT
PLACER SA FORTUNE

PAR

JACQUES BAINVILLE

L'INSTABILITÉ DES FORTUNES
PRINCIPES SUR LESQUELS DOIT REPOSER UNE FORTUNE.
DES IMMEUBLES — DES PLACEMENTS HYPOTHÉCAIRES.
EMPRUNTS D'ÉTATS — LES CHEMINS DE FER FRANÇAIS
ET ÉTRANGERS — LES VALEURS INDUSTRIELLES —
BANQUES ET SOCIÉTÉS DE CRÉDIT — LA SPÉCULATION ET
LA BOURSE — LE CAPITALISTE, LES IMPÔTS ET LES LOIS.

PARIS
NOUVELLE LIBRAIRIE NATIONALE
3, PLACE DU PANTHÉON, 3

COMMENT

PLACER SA FORTUNE

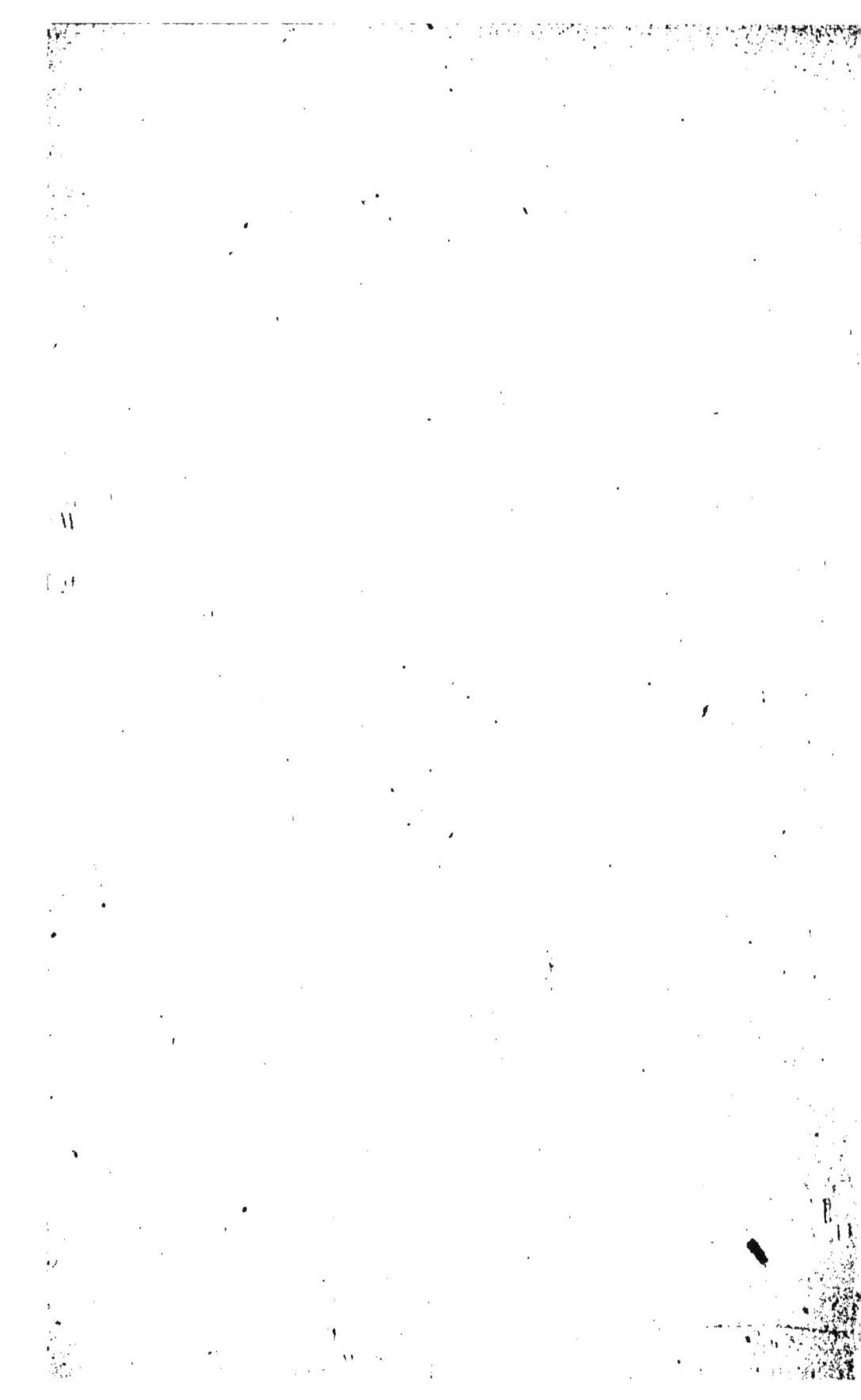

APRÈS LA GUERRE

COMMENT
PLACER SA FORTUNE

PAR

JACQUES BAINVILLE

L'INSTABILITÉ DES FORTUNES
PRINCIPES SUR LESQUELS DOIT REPOSER UNE FORTUNE.
DES IMMEUBLES — DES PLACEMENTS HYPOTHÉCAIRES.
EMPRUNTS D'ÉTATS — LES CHEMINS DE FER FRANÇAIS
ET ÉTRANGERS — LES VALEURS INDUSTRIELLES —
BANQUES ET SOCIÉTÉS DE CRÉDIT — LA SPÉCULATION ET
LA BOURSE — LE CAPITALISTE, LES IMPOTS ET LES LOIS

PARIS
NOUVELLE LIBRAIRIE NATIONALE
3, PLACE DU PANTHÉON, 3

MCMXIX

AVANT-PROPOS

Ce livre s'adresse à toutes les personnes qui, possédant une fortune petite ou grande, d'origine ancienne ou nouvelle, ont besoin de principes directeurs et de renseignements pratiques pour la placer et l'administrer.

En cette matière, ce ne sont pas les conseils qui manquent. Mais les conseils désintéressés sont rares. Chacun se méfie du détaillant qui vante un produit. On se demande : « Quel intérêt peut-il avoir à insister pour me vendre cette marque plutôt qu'une autre ? » Les mêmes personnes qui doutent de leur épicier suivront aveuglément le banquier ou même le commis de banque qui les invitera à acheter une valeur. Pourtant, dans les deux cas, la méfiance doit être la même, et elle doit être d'autant plus vive qu'il s'agit de plus grosses sommes pour l'acquéreur et de plus grosses commissions pour le courtier.

Les pertes énormes subies par les capitalistes français dans ces dernières années ont en grande partie pour cause les erreurs, volontaires ou involontaires, des financiers ou des établissements de crédit qui s'étaient consti-

tués les tuteurs du capital et de l'épargne. L'auteur de
ce livre n'a aucune espèce d'attache financière. Il ne
soutient aucun système. Il livre au public le résultat de
ses études et de ses observations.

Sa seule ambition est de rendre service. Quant à son
intérêt, il a consisté à écrire un ouvrage qui, étant
utile à beaucoup de monde, pourra être lu avec profit
par un public nombreux.

Les personnes auxquelles nous avons songé en écri-
vant ce livre sont légion en France, où la fortune, aux
degrés les plus divers, est si répandue. Il nous est
apparu aussi que les meilleurs traités du même genre
écrits avant la guerre ne s'appliquaient plus aux circonstances actuelles. Un guide nouveau était nécessaire
pour tenir compte des bouleversements survenus depuis
1914 et de ceux qui pourraient se produire encore.

A qui nous adressons-nous? Non seulement aux personnes qui vivent de leurs revenus, mais aussi à celles qui
s'enrichissent par leur travail et leur économie et à qui
leurs occupations ne permettent pas d'étudier à fond par
elles-mêmes la meilleure manière de mettre leur épargne
à l'abri, dans un temps où la sécurité des capitaux est
si précaire.

Proudhon a écrit, il y a déjà de longues années, dans
son Manuel du spéculateur à la Bourse :

« Le rentier, qui vit sur la foi de son inscription;
« l'actionnaire qui compte sur son dividende; le proprié-
« taire foncier dont l'avoir est tout en terres et en mai-
« sons; le commerçant dont la sécurité repose sur
« l'éventualité des bénéfices; le père de famille, qui
« cherche pour l'établissement de ses fils, pour la dot

« de ses filles le placement le plus solide et le plus pro-
« ductif; tous ceux dont la fortune est engagée soit
« dans les fonds publics, soit dans les entreprises in-
« dustrielles, soit dans des propriétés rurales et ur-
« baines, et qui trop souvent oublient que cette fortune
« change incessamment, tant en capital qu'en intérêts,
« par les mouvements quotidiens de la Bourse; tout ce
« monde, étranger pour la plupart à la spéculation, a
« besoin cependant d'en connaître à peu près les objets,
« d'en observer les oscillations et d'en prévoir les ré-
« sultats. »

Ce besoin est plus grand aujourd'hui que jamais. La
prudence, la science et la réflexion, nécessaires en tout
temps à la conservation de la richesse, sont indispensables dans les périodes agitées. Le rentier, l'actionnaire, le propriétaire foncier, le commerçant, le père de
famille : voilà les personnes dont nous souhaitons être
lu. C'est à elles, c'est à nos classes moyennes, indigne-
ment rançonnées par des financiers sans patriotisme et
sans scrupules, que cet ouvrage est dédié.

B.

—

COMMENT PLACER SA FORTUNE

CHAPITRE PREMIER

UNE PÉRIODE D'INSTABILITÉ ET D'INSÉCURITÉ
POUR LES FORTUNES

L'instabilité des fortunes est un phénomène de tous les temps. — La guerre a considérablement aggravé ce phénomène. — Longue période de sécurité et d'enrichissement de 1815 à 1914. — Le danger d'autrefois était la baisse de l'intérêt et les conversions. — Fausses croyances nourries à cet égard ! l'argent ne devait plus rien rapporter. — L'intérêt s'est relevé, mais des capitaux ont été détruits. — Ébranlement de toutes les fortunes. — Autres menaces qui pèsent sur elles. — Probabilité de grandes crises financières, sinon de catastrophes. — De nouvelles méthodes de gestion des patrimoines sont nécessaires. — En quoi l'esprit et les habitudes des capitalistes doivent changer.

Nos pères, qui en savaient bien autant que nous, avaient coutume de dire qu'une fortune est plus difficile à conserver qu'à acquérir. Ils disaient aussi qu'une fortune ne passe pas trois générations. C'est ce qu'exprimait le proverbe de la vieille

France : « Cent ans bannière, cent ans civière »,
c'est-à-dire cent ans de prospérité et cent ans de
pauvreté. Une famille réussit rarement, en effet,
à garder son rang pendant plus d'un siècle. De
tout temps, les patrimoines qui n'ont pas été
entretenus et renouvelés ont disparu. Même sans
catastrophe brutale et sans dilapidation, les capitaux s'usent lentement et s'évaporent par l'effet des
années.

De 1815 à 1914, les fortunes ont joui d'une
sécurité et d'une stabilité remarquables. En
France, les classes moyennes, plus douées de
l'esprit d'économie que de l'esprit d'entreprise,
étaient portées naturellement par le flot montant
de la richesse publique. Nos révolutions du
XIXᵉ siècle, purement politiques, avaient laissé la
propriété intacte. Les blessures financières de la
guerre de 1870 avaient été rapidement pansées.
Sans autre effort que celui de l'épargne, la bourgeoisie française, dont les rangs grossissaient
tous les jours, était en progrès constant. Les cas
de régression tenaient presque toujours à des
fautes individuelles et non à des causes générales.

Pendant les dernières années du XIXᵉ siècle et
les premières du XXᵉ, les rentiers avaient pourtant
une inquiétude. Par l'effet de l'accumulation et de
l'abondance des capitaux, l'intérêt de l'argent ne
cessait de décroître et les conversions successives
de la rente sanctionnaient cette baisse. De 5 p. 100,
qui était autrefois le taux ordinaire, l'intérêt
était tombé à 4, puis à 3 et plus bas encore. Le

taux de 2 1/2 était couramment accepté. L'esprit humain étant enclin à croire que tout mouvement une fois commencé doit se poursuivre indéfiniment, on prévoyait que bientôt l'argent ne pourrait plus s'employer qu'à 2 p. 100, sinon à moins. Ainsi le rentier voyait son revenu condamné à une chute lente et tendant vers zéro. Nous avons connu un financier aussi célèbre qu'opulent, qui était en même temps un économiste, et qui, presque quotidiennement, à la table de famille, enseignait à ses enfants qu'ils ne devaient pas se fier à son héritage, qu'un jour viendrait où il faudrait une fortune si fantastique pour vivre de ses seules rentes que les riches eux-mêmes seraient contraints de travailler.

Les événements ont pris une autre tournure. On s'alarmait pour le revenu, en se croyant sûr du capital. Ç'aurait dû être le contraire. S'il est vrai qu'aujourd'hui bien peu de personnes peuvent se dispenser de travailler, ce n'est pas parce que l'argent ne rapporte plus rien : l'État lui-même emprunte à 5,70 p. 100 et les placements à 6 p. 100 sont devenus communs. Mais, à la sécurité d'autrefois, qui avait engendré la diminution de l'intérêt, a succédé une insécurité profonde. Il n'y a plus pléthore mais destruction de capitaux. La guerre européenne en a consommé et anéanti une quantité prodigieuse. Les États se sont endettés par centaines de milliards. Les grandes entreprises d'intérêt public, telles que les Compagnies de chemins de fer, ont elles-mêmes subi des pertes immenses. Il y a eu des ruines de toute sorte, une diminution formidable de la richesse universelle. Sans doute on a vu des fortunes se faire. De grandes quantités de billets de banque, de titres des rentes nouvelles circulent de main en main. Ce n'est pas un enrichissement véritable. Le papier émis ne tient pas lieu des choses consommées et détruites, de celles que la diminution du travail a empêché de produire. C'est ainsi que, chez les belligérants les plus gravement atteints, le papier-monnaie a pris un développement inouï, alarmant, qui a eu pour première conséquence d'entraîner l'avilissement de sa faculté d'achat et la hausse de tous les prix. C'est au milieu d'une immense révolution économique que nous vivons. Et une révolution économique entraîne fatalement une révolution sociale, à forme silencieuse ou explosive : peu importe. L'effet est le même pour les individus.

La richesse, pendant la guerre et depuis, s'est déplacée. Elle a changé de mains. Il y a de « nouveaux riches » et de « nouveaux pauvres ». Bien rares sont les patrimoines anciennement constitués qui ont pu se maintenir tels qu'ils étaient. L'avilissement de l'argent, la chute profonde des valeurs mobilières, dont quelques-unes ne se relèveront sans doute jamais, ont retenti sur toutes les fortunes, des plus grandes aux plus petites. Une portion considérable des portefeuilles, composée de valeurs russes, autrichiennes, hongroises, turques, etc... est gravement compromise. On n'oserait jurer que cette liste nécrologique ne s'allongera pas.

D'autre part, la grande secousse de la guerre a eu pour effet de précipiter une évolution déjà commencée. Le régime capitaliste s'était développé au xix° siècle avec les progrès rapides de l'industrie et sous la protection des lois qui étaient alors en vigueur. D'une part, le droit de propriété individuelle était sacré, intangible et regardé comme faisant partie des Droits de l'homme. Garanti par l'État, la société et le Code, il donnait, à quiconque possédait, une sécurité inconnue à toutes les autres époques. D'autre part, la conception individualiste de la Révolution française, contraire à tout ce qui était corporations ou syndicats, paralysait les revendications ouvrières.

Peu à peu, ces conditions ont changé. Et puis, avec le temps, beaucoup d'éléments des fortunes françaises ont vieilli. On a oublié les services rendus par le capital lorsqu'il s'était agi de mettre les mines en valeur et de construire les voies ferrées. Il paraît moins naturel qu'autrefois que le fait de posséder une action de chemins de fer ou de charbonnage donne le droit de toucher des dividendes copieux à une personne qui ne connaît les locomotives que pour avoir voyagé et le charbon que pour se chauffer au coin de son poêle. L'expérience ayant prouvé que le travail lui-même avait besoin du capital, celui-ci n'est pas déchu de son droit à l'intérêt, mais sa part est restreinte et, si restreinte soit-elle, encore contestée.

Il résulte de ces divers phénomènes que les patrimoines français sont largement entamés, gravement ébranlés et exposés à des diminutions nouvelles par le fait des circonstances. La situation financière de notre pays elle-même, après les formidables dépenses de la guerre, n'est pas sans inspirer des inquiétudes. Sa dette colossale, ajoutée à un passif déjà lourd, oblige à se demander si la France pourra toujours faire face à ses engagements. Ainsi, d'une part, les revenus sont réduits par les pertes éprouvées ou menacent de l'être par des pertes nouvelles. De l'autre, les impôts s'aggravent, se multiplient, et la vie est devenue plus coûteuse. Jamais l'administration d'une fortune n'a été plus difficile.

Il est donc bien certain que les idées qui avaient cours avant la guerre doivent être révisées. Un capitaliste qui s'entêterait à suivre les pratiques recommandables autrefois irait directement à la ruine. A temps nouveaux, besoins nouveaux.

Assurément, la propriété sera éternelle. Depuis que les hommes vivent en société, elle a survécu à tous les bouleversements et elle survivra encore à celui-ci. Le capital lui-même se reconstituera toujours. La difficulté, dans une période de transition, consiste à sauver le capital existant et à le garder entre ses mains.

Nous assistons en ce moment à une lutte de la société capitaliste, telle qu'elle s'était constituée au xix⁰ siècle, pour durer et s'adapter à travers les transformations du xx⁰ siècle. Cette adaptation ne se fera pas sans peine et il est probable qu'il y aura, chemin faisant, bien des victimes.

Existe-t-il une recette infaillible pour abriter les capitaux et les soustraire aux conséquences des métamorphoses économiques et sociales ? Nous ne le croyons pas. Nous nous proposons seulement de donner dans ce livre des indications pratiques et utiles, de mettre en garde contre des écueils, de dissiper de dangereuses illusions, d'exposer des principes fondés sur l'observation et sur l'expérience et dont l'application permettra aux capitalistes et aux rentiers d'échapper au moins à une partie des risques auxquels ils sont exposés pour longtemps. Selon toutes les apparences, les agitations ne sont pas près de prendre fin en Europe. L'ordre nouveau établi par la paix n'est pas lui-même très sûr. Le fût-il, que la liquidation serait encore pénible et douloureuse. Sans doute, personne ne peut se vanter de tout prévoir. Mais celui qui ne prévoit rien et qui s'en remet au hasard, comme celui qui ne veut rien changer à ses habitudes, est le jouet des événements.

Nous sommes convaincu que les classes moyennes, durement éprouvées par les conséquences de la guerre, résisteront à la tourmente. Formées par le travail et l'économie, elles savent que là sont les seules sources de la richesse. Si elles ont été frappées, ce n'est pas leur esprit de cupidité ou leur goût du risque qui en est cause. Leur prudence et leur modération sont proverbiales. Elles ont toujours eu pour principe de rechercher moins de gros intérêts ou des bénéfices que la sécurité du capital, ou ce qu'on croyait être autrefois la sécurité. Si elles ont péché, c'est par excès de confiance. Le nom illustre de Ferdinand de Lesseps avait suffi jadis à engager dans le Panama les plus timides, alors que le canal de Suez, dans sa nouveauté, avait effrayé le public. Pour les fonds russes, l'appel de l'Etat français, la propagande des établissements de crédit, le prestige d'un Empire immense et dont les faiblesses étaient inconnues : voilà ce qui a séduit les souscripteurs bien plus que l'attrait d'un intérêt élevé. C'est par la même confiance, le même respect des institutions anciennes et célèbres, que la bourgeoisie française s'est attardée aux actions de nos compagnies de chemins de fer, alors que ces titres ne promettaient plus que des déboires à leurs porteurs.

On a dit bien des fois que l'éducation financière du public français était à faire. Ce sont malheureusement des aigrefins, souvent patentés, qui s'en chargent et qui exploitent la crédulité et l'esprit de routine. Les capitalistes, pour se défendre, vont avoir, encore plus qu'hier, besoin d'esprit critique. Plus qu'hier ils devront être renseignés, ils devront être prudents, mais prudents à bon escient, et non pas sur la foi de charlatans ou d'intermédiaires malhonnêtes par profession. Il devront se garder aussi d'une aveugle fidélité à des traditions périmées.

L'illusion de la Bourse est une de celles qui

auront été le plus funestes. Combien de personnes s'imaginaient que les prix inscrits dans
les colonnes de la cote correspondaient à des
valeurs réelles et durables! Il a fallu la tourmente de la guerre pour montrer la fragilité de
ce château de cartes. A l'avenir, les capitalistes
devront savoir qu'une fortune constituée tout
entière en papier et qui dépend d'une estimation
éphémère, qui est soumise à tous les hasards des
événements intérieurs et extérieurs, ne repose
pas sur des bases solides. De nouvelles méthodes
de placement et de gestion se recommandent
aujourd'hui d'une façon impérieuse et le capitaliste doit se faire, à tous les égards, un nouvel
esprit.

Pendant des années qui pourront être longues,
il devra d'abord avoir toujours présente à la
pensée l'idée que des catastrophes financières ou,
tout au moins, des crises graves sont possibles.
Dans l'hypothèse la plus favorable, il est exagéré
de croire que la France, par exemple, se relèvera
aussi promptement et en suivant une marche
aussi régulièrement progressive qu'après 1871.
Personne n'a encore pu calculer exactement les
répercussions de la guerre. Personne ne sait au
juste comment (pour ne parler toujours que de la
France), trente-cinq milliards de billets de banque,
en face de cinq milliards d'or seulement, plus
quelques dizaines de milliards de Bons de la
Défense Nationale qui, eux mêmes, ne sont qu'une
autre forme des billets de banque, pourront être

retirés de la circulation pour que celle-ci revienne à un niveau normal, sans compter que, pour la première fois, la France a une grosse dette extérieure. En tout cas, la guérison sera longue. Elle ne se fera pas sans rechutes contre lesquelles les personnes prudentes doivent, dès maintenant, se prémunir.

Mais l'esprit du capitaliste devra changer à un autre égard. Il devra s'élargir aux proportions des nécessités de notre époque. Les impôts seront multiples et lourds : il faudra s'y résigner et se dire que, s'il est désagréable de payer l'impôt sur le revenu, il serait encore pire de n'avoir plus de revenus du tout, ce qui fût arrivé si nous avions été vaincus. Il faudra encore compter avec de nouveaux rapports entre le capital et le travail. Il y a des revendications ouvrières dont l'exagération est absurde et qui, si elles étaient écoutées, aboutiraient à tuer la poule aux œufs d'or, comme le bolchevisme l'a fait en Russie. La résistance à ces folies est un devoir. Mais il n'est de l'intérêt de personne qu'il y ait des ploutocrates d'une part et, de l'autre, des prolétaires sans attaches avec l'industrie qui a besoin de leurs bras. Il s'agit seulement, pour les possédants, de compter avec les évolutions inévitables, de les comprendre et de ne pas se laisser surprendre par elles.

Nous avons déjà cité tout à l'heure un proverbe de la vieille France. Un autre, familier à l'ancienne noblesse, disait : « Nous venons tous de la charrue. » Que chaque capitaliste songe à ses origines ou à celles de sa famille. Il sentira combien le plus riche est près de ceux qui ne possèdent rien. Ce n'est pas notre rôle de moraliser sur les devoirs de la richesse. Mais il n'est pas mauvais, même pour gérer et conserver sa fortune, de savoir qu'elle a des collaborateurs obscurs, peu favorisés, dans les rangs desquels on aurait pu naître et où retourneront peut-être les descendants de ceux qui possèdent aujourd'hui, comme tant de familles, riches autrefois, ont elles-mêmes déchu.

C'est un métier, somme toute, d'être capitaliste. Et ce métier exige des qualités, lui aussi. Une fortune ne se garde que par les moyens qui l'ont formée : le travail et l'économie. Il y faut encore de la prévoyance, de la réflexion, de l'étude. Les chapitres qui suivent constituent un guide méthodique pour la conservation des patrimoines, qui sont une des forces de la nation. Le devoir de quiconque a créé ou reçu le sien est de le transmettre intact et même accru à ses successeurs. Les anciens avaient coutume de dire que ce n'est pas une honte d'être pauvre mais qu'il est honteux de ne pas aspirer à sortir de la pauvreté. Il est encore plus honteux, et sans profit pour la collectivité, de se laisser appauvrir par ignorance, insouciance ou paresse d'esprit.

CHAPITRE II

On a toujours su qu'il n'était pas bon de mettre tous ses œufs dans le même panier. Mais le principe de la division des risques a pu être appliqué avec une facilité inconnue au temps jadis dès que la diffusion des valeurs mobilières eut permis de placer de l'argent dans les quatre parties du monde, par un simple ordre d'achat donné à la Bourse. Diversifiez, internationalisez vos placements : tel est le conseil qui a été prodigué avant la guerre, et, en lui-même, il était bon.

Seulement, il ne fallait pas courir au-devant des risques sous prétexte de les diviser. Un rentier qui aurait eu en portefeuille, il y a une douzaine d'années, des valeurs russes, austro-hongroises et mexicaines, se serait cru garanti par cette variété contre les accidents qui pouvaient l'atteindre d'autre part. En réalité, il fût allé lui-même chercher sa perte. Au temps où le Mexique était bien gouverné, où les Empires de Russie et d'Autriche se présentaient comme des édifices solides, des économistes expérimentés n'hésitaient pas à recommander comme sûres et avantageuses les valeurs de ces pays. On voit pourtant ce qu'il en est advenu.

Avant la guerre, un autre attrait de la diversité des placements, aux yeux des rentiers, c'était aussi, et peut-être surtout qu'on y voyait un moyen de relever le rendement d'un portefeuille, l'intérêt de l'argent étant, d'une façon courante, moins élevé en France que dans beaucoup de pays étrangers. Cette considération a perdu aujourd'hui sa raison d'être.

En outre, on s'imaginait volontiers que l'expatriation des capitaux était une garantie contre les mesures fiscales de caractère socialiste, et notamment contre l'impôt sur le revenu, qui était, à ce moment-là, un grand épouvantail et dont le mécanisme était d'ailleurs mal compris. On ne se représentait pas qu'on s'exposait tout simplement, dans la plupart des cas, à subir les impôts du pays de refuge, plus les impôts français. Car les gouvernements et les administrations de tous les pays ont tendance à se copier, et cette tendance est encore plus forte quand les besoins sont à peu près les mêmes partout. Si le fisc a la main lourde en France, il n'est pas plus indulgent en maints autres endroits. Et le socialisme d'État, après avoir semé la terreur lorsqu'il est apparu chez nous, semble modéré et conservateur quand on compare ses mesures fiscales à celles des nouvelles Républiques socialistes qui sont nées de la défaite des Empires centraux, sans parler des Républiques de Soviets et de la dictature du prolétariat.

Avec le socialisme, le nationalisme est l'autre tendance des États modernes. Ces deux tendances se conjuguent souvent. Pas plus que les individus, les peuples n'aiment leurs créanciers. Les pays qui ont une grosse dette extérieure, qui sont les débiteurs de l'étranger, sont très portés à renier leurs engagements. Ce sentiment xénophobe explique pour une bonne part ce qui s'est passé en Russie depuis la révolution. D'autres pays, qui ont été heureux de trouver des capitaux étrangers pour les mettre en valeur, ne songent plus qu'à exproprier les sociétés concessionnaires une fois que les entreprises sont entrées dans la période des bénéfices. Dans l'ère de nationalisme intense où le monde est entré, les peuples les plus primitifs ou, comme le peuple chinois, les plus endormis, prennent conscience d'eux-mêmes, selon l'expression consacrée, et le font souvent sentir à leurs bailleurs de fonds.

Il ne suffisait pas naguère, il ne suffira pas encore demain d'envoyer sa fortune au delà de la frontière pour la mettre en sûreté. Il faut encore connaître le fort et le faible des nations auxquelles on la confie. Il faut être renseigné sur leur situation politique, leurs finances, leur législation. Et puis, s'il est difficile, quand il s'agit d'autre chose que de fonds d'État, de distinguer les bonnes valeurs des mauvaises dans son propre pays, la difficulté est encore plus grande quand il s'agit d'entreprises situées dans des pays avec lesquels on n'est pas familier et qu'on ne connaît que par ouï-dire.

A l'épreuve de la guerre et des bouleversements qu'elle a produits, il est apparu que la division des placements et leur distribution géographique ne rendaient pas tous les services qui en étaient attendus. Les personnes qui, par ce procédé, ont réussi à sortir de la crise avec leur fortune intacte doivent reconnaître qu'il y a dans leur cas plus de chance que de science. Au fond, un homme d'affaires vraiment génial, qui eût compris dès 1911, au moment du coup d'Agadir, ou dès 1912 et 1913, à la lumière des conflits balkaniques, que l'Europe allait enfin à la guerre générale si souvent annoncée, eût tout simplement réalisé son portefeuille. Alors, se trouvant à la tête d'un capital liquide, au moment où les valeurs du monde entier s'effondraient, cet homme audacieux et pénétrant eût réalisé des bénéfices considérables.

En effet, sauf un très petit nombre de pays neutres qui ont été favorisés par les événements, sauf quelques valeurs dites « de guerre » qui, grâce à la longue durée des hostilités, ont travaillé pour l'armement avec de très gros profits, on a vu la généralité des meilleures valeurs descendre à des cours inconnus. Tel a été le cas, notamment, des valeurs à revenu fixe comme les obligations des chemins de fer américains de premier ordre, qui ont automatiquement baissé jusqu'à ce qu'elles fussent arrivées à se mettre au niveau demandé par le relèvement général du loyer de l'argent. Des titres rapportant 3 1/2 ou 4 p. 100, se tenaient au pair, lorsque l'intérêt courant était à ce taux. Ils sont tombés à 70, lorsque les emprunts à 5 et 5 1/2 p. 100 et même davantage se sont multipliés.

Puisqu'il est extrêmement probable que nous ne sommes pas au bout de la série des grandes crises financières, *la préoccupation essentielle doit donc encore maintenant s'adresser au capital plus qu'au revenu.* Le revenu se trouvera toujours. Sauvegarder d'abord le capital, c'est la tâche première et la plus difficile.

La division géographique des placements peut y aider, mais elle ne suffit pas. Des temps sont venus où l'édifice du crédit est fragile. Les garanties d'une créance doivent être examinées avec plus de soin qu'au moment où la solvabilité générale créait un état d'équilibre et de confiance. Les valeurs mobilières ressemblent étroitement, à cet égard, aux billets de banque. En période de prospérité, personne ne regarde de très près à leurs garanties réelles parce que l'on sait que le papier trouve à s'échanger sans peine. Les cours de Bourse ont beau n'être qu'une estimation, ils offrent des promesses de stabilité et même de plus-value. La force de l'ensemble maintient les parties en équilibre. Mais, en temps de crise, et quand le crédit est ébranlé, la réalité reprend ses droits. Toutes les valeurs fictives se déprécient. Celles qui ne reposent pas sur quelque chose de solide tombent à zéro. C'est cette solidité qui doit être requise et recherchée avant tout.

Il résulte de là que l'assurance contre les risques ne doit plus seulement consister à disséminer une fortune sur les divers points du globe, mais surtout à en éliminer autant que possible les éléments fictifs. A cet effet, il importe de modifier les méthodes de placement naguère en honneur et de revenir aux principes de méfiance et de sécurité qui dirigeaient les capitalistes d'autrefois.

La terre, les maisons, les prêts couverts par une hypothèque large et précise ; voilà les premières valeurs réelles sans lesquelles une fortune est construite sur des sables mouvants. Aujourd'hui le porteur de maintes valeurs mobilières peut regarder avec envie le propriétaire d'immeubles, qui a, sans doute, ses tracas, mais qui peut voir et toucher son bien, alors que, d'un jour à l'autre, rentes d'Etat, actions, obligations sont exposées à devenir une insaisissable fumée. Pendant la Révolution, les possesseurs d'assignats ont été ruinés. Les acheteurs de biens nationaux se sont enrichis. Les anciens propriétaires maintenus en possession n'ont rien perdu. Il y a là une leçon.

La guerre a réhabilité les immeubles comme elle a réhabilité l'agriculture, mère de toute richesse. On a acheté à de hauts prix les terres et les maisons. Pour les valeurs mobilières elles-mêmes, les bailleurs de fonds se sont montrés plus exigeants quant aux gages. Cela est si vrai que les sociétés qui s'adressent au crédit public offrent de plus en plus aux obligataires des garanties hypothécaires sur leurs constructions et leurs installations industrielles.

Sans doute, des placements en bonnes valeurs françaises ou étrangères se recommandent aux propriétaires fonciers, même dans un pays où la propriété semble aussi bien garantie par l'état social qu'elle l'est en France. Il est utile et même indispensable, pour le propriétaire d'immeubles, de posséder un capital liquide ou d'une réalisation facile, pour les raisons que nous exposons au chapitre suivant. Mais c'est à la condition que les valeurs choisies soient elles-mêmes sérieusement gagées. Et l'examen de ces gages, surtout quand il s'agit de valeurs étrangères, ne se fait pas toujours aisément à distance et dans des pays dont l'organisation financière et les lois sont souvent très différentes des nôtres.

L'insécurité universelle demande encore une autre précaution : c'est que les capitaux, autant que possible, ne soient prêtés qu'à la condition d'être rendus dans un délai suffisamment rapproché. Prenons le prêt d'argent type qui est le prêt hypothécaire. Non seulement un gage immobilier lui est affecté, mais encore le débiteur s'oblige à rembourser le capital à date fixe. La simple créance chirographaire, autrement dit le « billet », ne jouit pas de gages particuliers, mais sa clause principale, c'est celle qui fixe l'échéance du remboursement. Une reconnaissance de dette souscrite par un particulier constitue déjà un titre bien fragile. Si le « billet » ne stipule pas un remboursement rapide, c'est un titre encore plus incertain. Un emprunt à long terme, et à plus forte raison un emprunt perpétuel, quelle que soit la qualité du débiteur, État ou société industrielle, ne vaut pas mieux.

Qu'avons-nous vu pendant la guerre et depuis ? C'est que, à valeur égale, à rendement égal, les titres à remboursement éloigné tombaient, tandis que les titres à remboursement prochain se maintenaient au pair ou aux environs du pair. Prenons un exemple. On négociait à la Bourse de New-York, il y a quelques années, deux obligations de chemins de fer du même type, de la même valeur nominale, pareillement recommandables et d'un revenu identique, la *Pennsylvania 3 1/2* et la *New-York Central 3 1/2*. En 1906 ces deux titres se tenaient au pair, à quelques points près,

Mais le premier était remboursable en 1915 et le second en 1997 seulement. Peu à peu, les circonstances générales devenant moins favorables, des crises s'étant produites aux Etats-Unis, la *New York Central* baissa, tandis que la *Pennsylvania*, soutenue par la proximité du remboursement, bougeait à peine. En 1915, alors que cette obligation était remboursée intégralement à 1 000 dollars, l'autre n'en valait plus que 800, à la Bourse de New-York. Elle n'en valait plus que 700 en 1919. Cet exemple est remarquablement instructif. On pourrait y ajouter que la même Compagnie Pennsylvania avait introduit à la Bourse de Paris des obligations 3 3/4 p. 100 remboursables en 1921. Dès l'année 1919, ces obligations sont au pair de 500 francs.

De même il est de notoriété publique que le cours des obligations des chemins de fer français est soutenu par l'amortissement régulier de ses titres, qui se fait par voie de tirage au sort annuel. C'est ce qui explique que ces obligations se capitalisent plus haut même que les rentes sur l'Etat. Si quelque circonstance voulait que l'amortissement, jusqu'ici régulier, fût suspendu, différé ou seulement ralenti, il est certain que ces titres baisseraient aussitôt dans des proportions considérables. Il est également facile de remarquer que le 3 p. 100 amortissable et remboursable selon les mêmes règles que les obligations de chemins de fer se tient aujourd'hui à dix ou onze points au-dessus du 3 p. 100 perpétuel, toujours pour la même raison qui est la perspective de récupérer en espèces le capital prêté.

Ainsi, pour protéger ses capitaux, *il ne suffit pas de les distribuer géographiquement dans l'espace, il faut encore les distribuer dans le temps.* Une fortune dans laquelle entrent des sommes remboursables à des dates diverses et successives échappe ainsi pour une partie importante aux fluctuations de la Bourse. En outre, elle se rafraîchit et se rajeunit incessamment. Enfin, des remboursements survenant à l'heure d'une dépression et d'une crise sont une aubaine qu'un homme avisé met à profit pour des placements fructueux.

A plus forte raison, le commerçant et l'industriel qui ne veulent pas laisser leur argent improductif mais qui pourront en avoir besoin un jour pour agrandir leurs affaires, ont intérêt, de même que le père de famille qui prévoit l'époque où il devra doter sa fille, à stabiliser de cette manière une notable partie de leurs capitaux. C'est le meilleur moyen de s'assurer contre les risques de la Bourse. Sans doute, il n'est pas interdit d'attendre un accroissement de son capital par un placement à long terme. Si tout se passe normalement et heureusement, comme on peut l'espérer, les cours des valeurs s'élèveront à mesure que la guerre s'éloignera. En particulier, les souscripteurs et les acheteurs des nouvelles rentes françaises seront récompensés d'avoir eu confiance dans leur pays. Il n'en est pas moins sage, nécessaire et d'une bonne administration de se garantir contre le risque des bourrasques financières et contre les destructions inévitables que le temps entraîne avec lui.

Pour conclure, il est salutaire de ne pas perdre de vue ces trois principes : 1° que les immeubles sont l'élément permanent de la richesse; 2° que des garanties réelles doivent être attachées dans la plupart des cas aux valeurs mobilières pour que celles-ci soient autre chose que des « billets » ou des papiers d'une valeur variable et contestable ; 3° que le capitaliste ne doit prêter au moins une partie de ses capitaux que pour un temps limité, avec des dates de remboursement échelonnées, de façon à s'assurer des rentrées d'argent périodiques et à ne jamais être pris de court par les événements.

Ces principes de légitime défense et de prudence réfléchie auraient rendu de grands services aux capitalistes qui s'en seraient inspirés avant la guerre. Ils seront encore bienfaisants au cours des années à venir. Nous allons en suivre l'application dans l'examen des divers éléments qui constituent la généralité des fortunes en France ou qu'il peut être utile d'y faire entrer.

CHAPITRE III

DES IMMEUBLES

La revanche des anciens placements. — Toute richesse part de la terre. — Stabilité de la propriété immobilière. — Un exemple typique. — Relèvement de la valeur de la terre en France. — Hausse des produits agricoles. — Sécurité de la propriété rurale, due, dans notre pays, à son extrême division. — Le dépeuplement des campagnes est le seul point noir. — Conseils pour la gestion des biens fonciers. — Les maisons de rapport à Paris et dans les grandes villes. — Achat, construction et entretien. — Les spéculations sur les terrains. — Les formes excentriques de la propriété et leurs périls.

« Avoir du bien au soleil », et « avoir pignon sur rue » : ces deux expressions proverbiales rappellent qu'au temps jadis nos pères considéraient que la véritable fortune, durable et solide, consistait en immeubles, en terres et en maisons. Pendant la longue période de tranquillité relative, de stabilité, de prospérité et de développement industriel qui a favorisé l'essor prodigieux des valeurs mobilières, la vieille préférence de l'épargne française pour les placements fonciers n'avait cessé d'aller en s'affaiblissant. La facilité du coupon touché sans fatigue, souvent par l'intermédiaire d'une banque ou d'un receveur de rentes, s'opposait aux tracas de la propriété : les locataires, les fermiers, les impôts, les réparations et l'entretien.

Quelques années avant la guerre, une personne qui faisait l'acquisition d'une ferme semblait déraisonnable et, en tout cas, rétrograde et attachée aux préjugés d'un autre âge. L'achat ou la construction d'un immeuble urbain, à moins que ce ne fût pour le revendre et comme opération spéculative, finissait par être presque aussi mal jugé. A quoi bon se donner les soucis de la propriété quand toute la gamme des valeurs de Bourse était là ?

Les épreuves de la guerre ont changé ce point de vue et montré que les vieilles habitudes de placement étaient sages et fondées sur l'expérience. Un spirituel Parisien, venu, comme presque tous les Parisiens, de province, nous disait un jour : « Ayant quelques économies, je les avais placées en fonds russes. Et j'ai pensé, depuis, au pré que mon père aurait acheté avec cet argent-là. Au moins le pré serait toujours à sa place. »

Non seulement le pré serait à sa place, mais sa valeur se serait considérablement accrue. Un des effets de la guerre a été d'augmenter presque partout le prix de la terre et des maisons. La dépréciation des billets et des valeurs, la méfiance pour tout ce qui est papier, a eu pour conséquence que les valeurs réelles ont été recherchées. Et quelle valeur est plus réelle que la terre, d'où part toute

richesse, que les maisons, puisqu'il faut toujours
se loger ?

La véritable richesse est là. C'est une erreur de
croire que nos pères aient placé leur fortune en
immeubles parce qu'ils ne connaissaient pas d'autres sortes de placements. Sans doute les valeurs
mobilières étaient fort loin d'être développées.
Elles étaient même dans l'enfance. Mais enfin
elles existaient. L'antiquité avait déjà connu les
sociétés par actions. Et les rentes sur l'Hôtel de
Ville, les actions de la Compagnie des Indes, qui
ont laissé des souvenirs malheureux dans l'histoire, qu'était-ce, sinon l'équivalent de nos fonds
d'État et de nos titres industriels ? Lorsque plusieurs négociants s'associaient pour acheter un
navire, ils formaient une société de navigation.
Et ainsi de suite.

Nos pères savaient fort bien, et par expérience,
que les valeurs mobilières, dont l'essence n'a pas
changé, quelle qu'ait pu être la forme qu'elles
avaient de leur temps, étaient condamnées à périr.
Leur préférence pour les placements immobiliers
était parfaitement fondée. Car l'immeuble, qu'il
s'agisse d'une maison ou d'une terre de culture,
n'offre pas seulement sur le papier l'avantage de
la solidité matérielle. Il a encore cette supériorité
que son rendement se trouve toujours, à travers
les âges, égal à la valeur de l'argent dans un
temps donné.

Le célèbre économiste et financier Léon Say
avait une profonde méfiance des valeurs mobi-

lières qui n'ont même plus la valeur du papier, disait-il, « parce que quelque chose est écrit dessus ». Il aimait à citer l'exemple d'un petit domaine, la terre de Bourbilly, qui avait appartenu un moment à Mme de Sévigné et qui, resté tel quel du XVIe siècle à nos jours, avait toujours donné à ses propriétaires un revenu croissant. Ce domaine, qui produisait 50 livres en l'an 1523, produisait 2.000 francs en 1884. La puissance d'achat de 50 livres au XVIe siècle étant celle de 2.000 francs au XIXe, on voit en quoi consiste la seconde garantie qui est attachée aux biens immeubles : leur rendement et leur valeur locative se règlent exactement sur la valeur de l'argent, les denrées agricoles étant elles-mêmes les régulatrices des prix. Au contraire, disait Léon Say achevant sa démonstration, un capital mobilier égal à la valeur du domaine de Bourbilly, qui eût rapporté 50 livres en 1523, en admettant qu'il eût pu arriver intact aux mains des lointains héritiers de 1884, n'eût rapporté que 50 francs[1].

Nous avons déjà commencé, depuis la guerre, à assister à un phénomène du même genre et dont la marche a été extraordinairement rapide. À la dépréciation du papier-monnaie, à l'avilissement de l'argent, a correspondu une hausse considérable des produits de la terre et du prix de la terre elle-même. Nos paysans, qui se sont enrichis,

---

1. Les personnes que ces questions intéressent trouveront de nombreux éclaircissements dans le beau livre de M. CAZIOT, la *Valeur de la terre en France* (J.-B. Baillière, éditeur).

achètent les moindres parcelles à des prix qui
eussent paru fantastiques il y a quelques années.
Sans le savoir, ils raisonnent comme des économistes savants.

D'abord, comme Léon Say, ils n'ont pas confiance dans le papier. Ils ont hâte de transformer
leurs billets de banque ou leurs bons de la Défense
nationale en quelque chose de tangible. Ensuite ils
sentent bien que les produits de la terre, c'est-à-
dire les aliments indispensables à l'homme, don-
neront un intérêt correspondant au capital engagé.

Plus la monnaie d'un pays est dépréciée, et
plus la terre est recherchée, plus elle vaut cher.
La hausse de la terre est même un signe précur-
seur de crise de toutes les autres valeurs, y compris le papier-monnaie. Ainsi, en 1917, en Hongrie, pays agricole, un demi-hectare de terres
labourables avait été vendu 22 000 couronnes et
cette enchère semblait alors fantastique et absurde.
L'acquéreur semblait ne devoir jamais retrouver
l'intérêt de son capital. Mais, en 1919, la couronne
valait à peine 17 centimes (au lieu de 1 fr. 05)
tandis qu'inversement le prix du quintal de fro-
ment avait monté en conséquence. L'enchère
insensée avait été parfaitement raisonnable.

La terre, en France, avait subi une dépréciation considérable à partir de 1880. Dès l'année
1908, le relèvement était devenu sensible. Il n'a
fait, depuis, que s'accentuer. Le préjugé hostile
à la propriété rurale a disparu et le moindre lopin,
dans les bons pays de culture, trouve aujourd'hui

dix acquéreurs pour un. La valeur locative de la terre suivra naturellement la hausse de l'hectare. En sorte que les propriétaires fonciers, frappés, il y a trente ans, dans leur capital et leur revenu, connaîtront de nouveau des jours prospères. Déjà, dans les régions où le métayage est en honneur, les propriétaires ont participé directement aux bénéfices réalisés pendant la guerre par les cultivateurs.

C'était donc bien à la légère qu'on dénigrait les vieilles méthodes de placement et qu'on faisait fi de l'expérience de nos ancêtres. La propriété rurale prend aujourd'hui sa revanche et les inconvénients qu'elle offre (quelle forme de propriété n'a les siens?) semblent peu de chose quand on les compare aux risques de disparition totale qui sont attachés aux valeurs mobilières. Nous sommes d'avis que, dans notre siècle comme à toutes les époques agitées, il n'y a pas de fortune solide sans assise terrienne.

En France, notamment, l'extrême division de la propriété rurale constitue une garantie de premier ordre. La question agraire ne se pose pas dans notre pays parce que les *latifundia* n'existent pas et que les domaines un peu étendus y sont même extrêmement rares. Il est difficile d'imaginer une seule hypothèse dans laquelle, chez nous, la terre serait l'objet de mesures socialistes, tant il y a de degrés de la petite propriété à la moyenne et à la grande.

Quant à la crainte des impôts, s'il est vrai qu'il

est difficile que la terre échappe au fisc, il y a aussi une compensation : c'est que, par la force des choses, la valeur des denrées agricoles tend toujours à équilibrer toutes les charges. Pour employer une expression vulgaire, celui qui tient le bon bout, c'est le détenteur du sol d'où vient tout ce qui se mange et tout ce qui se boit. Tôt ou tard le propriétaire terrien retrouve son heure.

Le danger social qui menace la propriété rurale est d'une autre nature. Il est particulier à la France : c'est la dépopulation. Avant 1914, on a vu des régions entières de plus en plus désertées. C'était le cas des départements situés dans la vallée de la Garonne, vallée jadis célèbre par sa fertilité. C'était le cas aussi de nombreux départements de l'Est où la main-d'œuvre rurale passait dans l'industrie. Dans toutes ces parties de la France, la valeur de la propriété rurale ne cessait de s'effondrer. Au contraire, en Bretagne, peu favorisée par la nature, mais où la natalité était forte et où les habitants émigraient peu, la terre était toujours mieux cultivée, toujours plus recherchée, et le prix de l'hectare s'est élevé constamment.

La guerre, malheureusement, a frappé surtout la classe rurale et, en plus d'un endroit, c'est une question angoissante de savoir s'il y aura encore des bras pour tenir la charrue. Il y a là un phénomène beaucoup plus inquiétant que la hausse du salaire de l'ouvrier agricole. Cependant on peut espérer que le dépeuplement des campagnes ne s'accélérera pas et même qu'il y aura un reflux, la profession de cultivateur étant redevenue et devant rester longtemps encore rémunératrice. L'extension de la culture mécanique, l'accroissement des engrais (potasse d'Alsace) contribueront sans doute à maintenir cette situation favorable.

Il n'en est pas moins vrai que, d'une façon générale, la région ouest de la France est la vraie région agricole, la seule où le cultivateur soit assez enraciné et la population rurale encore dense. Il va sans dire aussi qu'une ferme ne doit pas s'acheter à la légère et qu'il importe de s'informer sérieusement de la qualité du fonds, parfois très variable dans une même commune, de l'état des bâtiments, des conditions du bail, s'il y a un bail en cours, et, s'il n'y en a pas, de la facilité de trouver un locataire.

Il faut bien savoir aussi que la propriété immobilière (et ceci est vrai de la terre comme des maisons de rapport) ne peut se conserver et se transmettre par héritage qu'à une condition : c'est que le propriétaire ait toujours assez d'argent liquide devant lui pour faire face aux dépenses prévues ou imprévues, ordinaires ou extraordinaires, telles que les réparations et les droits successoraux. L'usage ancien, lorsque les fortunes étaient surtout foncières, était de garder toujours par devers soi une somme importante. Nous avons connu un riche propriétaire, qui ne croyait qu'aux biens au soleil, et qui, pourvu de belles rentes, conservait toujours intacte devant lui une année entière de son revenu. C'était la sagesse même. Les familles

aristocratiques dont le patrimoine est tout entier
en terres et qui vivent au jour le jour sont condamnées, à chaque accident et à chaque partage,
à vendre ou à emprunter. C'est la ruine certaine
au bout de peu de générations. La propriété ne
peut se maintenir dans les mêmes mains que par
la prévoyance et l'économie. Quiconque mange
tout son revenu mange inévitablement le fonds.

* *
*

Le moratorium des loyers, pendant la guerre,
et les abus auxquels il a donné lieu, les lois votées
ou projetées qui tendent à restreindre les droits
des propriétaires, n'ont pas empêché la propriété
urbaine d'être aussi appréciée que la propriété
rurale. Là aussi le désir, si vif et presque uni-
versel, en temps de crise économique et sociale,
de transformer les valeurs fiduciaires en valeurs
solides a poussé les capitalistes à rechercher les
maisons de rapport. En dépit du relèvement des
droits d'enregistrement, jamais les transactions
immobilières n'ont été aussi nombreuses et à des
prix aussi élevés qu'à partir de 1918.

On peut dire que, depuis une centaine d'années,
presque tous les propriétaires d'immeubles à
Paris et dans la plupart des grandes villes de
France se sont enrichis. La vétusté des maisons
n'a même pas été une cause d'appauvrissement,
car la valeur du terrain rachetait amplement la
perte occasionnée par la démolition nécessaire de

constructions vieillies. D'une façon générale, à
Paris et dans la banlieue, surtout la banlieue
Ouest, la valeur des terrains a quintuplé quand
elle n'a pas décuplé et centuplé en certains cas
depuis 1850. Il suffit de se souvenir, en effet, que
des personnes âgées ont encore vu paître des
vaches à l'endroit où se trouve aujourd'hui le
parc Monceau. On a pu voir à Passy et à Au-
teuil, jusqu'en 1890, des maisons de paysans.
D'ailleurs, beaucoup de riches familles parisiennes
d'aujourd'hui remontent à un grand-père maraî-
cher ou blanchisseur qui, pour sa petite industrie, possédait un vaste terrain valant alors quelques sous le mètre, et sur lequel se sont élevées
des maisons de rapport.

Depuis la guerre, la construction des immeubles
s'est presque entièrement arrêtée. Il est probable
qu'elle ne reprendra pas activement de sitôt en
raison de la cherté des matériaux et de la main-
d'œuvre. Il en résulte une pénurie des logements
qui a pour conséquence l'augmentation des
loyers. Les propriétaires possèdent donc ce que
les socialistes appellent un « monopole de fait »,
et il est question de la taxation des loyers. Ces
mesures, en admettant même qu'elles soient prises,
n'empêcheront jamais qu'un immeuble en briques
ou en pierres de taille constitue une valeur
solide, durable, infiniment plus sûre que toutes
les valeurs de papier.

Cette sécurité rachète amplement les ennuis de
la gestion, dont il est facile de se décharger, d'ail-

leurs, sur des personnes ou des institutions de
confiance dont c'est le métier. Mais il va sans dire
que, comme le propriétaire d'immeubles ruraux,
et pour les mêmes raisons, le propriétaire d'immeubles urbains doit se garder de dépenser tout
son revenu. Il doit toujours compter avec les frais
d'entretien et avec les dépenses imprévues pour
réparations et réfection. Une maison de rapport,
pour conserver sa valeur locative, doit être de
temps en temps remise au goût du jour. En
outre, l'amortissement du capital employé à la
construction doit être prévu; sinon ce capital
disparaîtrait à la longue avec l'usure des
années.

Les personnes qui font construire sans être
elles-mêmes du métier et sans appartenir à l'une
des corporations du « bâtiment » doivent bien
savoir aussi que les devis d'architecte sont toujours considérablement dépassés. Quant à celles
qui achètent un immeuble tout construit, nous
croyons devoir leur donner un conseil particulièrement sage à une époque d'incertitude comme
celle que nous traversons : c'est de réaliser la
somme nécessaire à l'acquisition avant de signer
l'acte de vente. En effet, qu'une tourmente de
Bourse se produise, et les valeurs sur lesquelles
on comptait peuvent s'effondrer. Nous connaissons, dans une famille parisienne, un cas de ce
genre qui s'est produit jadis. Quelques jours
avant la révolution de 1848, un bourgeois aisé
avait acheté une maison importante qu'il se pro-

posait de payer avec ses valeurs. La panique qui
suivit la révolution bouleversa tous ses calculs et
l'immeuble lui-même, dans la crise de confiance
générale, ne put être revendu qu'avec une perte
sensible. Ainsi, faute de prévoyance, une opération tout à fait normale devint une cause de
ruine.

Nous ne parlons pas ici des achats de terrains
nus. C'est de la spéculation pure. L'acquéreur
compte sur une plus-value qui ne s'obtient parfois qu'après un temps fort long pendant lequel il
faut payer l'impôt foncier tandis que le capital
employé reste improductif. A l'heure actuelle,
l'arrêt des constructions rend ce risque encore
plus sérieux. Dans l'espoir d'une plus-value qui
est loin d'être toujours certaine, le spéculateur
s'expose à se priver pour longtemps de son
argent.

Quant aux usines et manufactures, c'est un
genre d'immeubles dont les particuliers doivent
se détourner en raison de la difficulté de trouver
des locataires. Il en est de même des maisons de
plaisance à la campagne ou à la mer, qui, sauf
dans certains lieux régulièrement fréquentés ou
bien à proximité d'une grande ville, peuvent apporter des déboires. Au chapitre qui suit, celui des
hypothèques, nous développons les raisons qui
conseillent de s'écarter des formes excentriques
de la propriété. Une usine ne convient qu'à un
industriel et une maison de plaisance doit être
considérée avant tout comme une maison d'agré-

ment. Pour un placement sérieux, il n'y a que les maisons de rapport proprement dites[1].

1. Les droits de mutation et de transcription devant être prochainement relevés, on peut compter qu'avec les honoraires du notaire les frais d'achat d'un immeuble, qui étaient d'environ 10 p. 100 du prix principal, monteront à l'avenir à environ 15 p. 100.

CHAPITRE IV

DES PLACEMENTS HYPOTHÉCAIRES

Raisons pour lesquelles se recommande ce genre de placements. — Conditions auxquelles ils sont sûrs et avantageux. — Des précautions à prendre et des dangers à éviter. — De la part qu'il convient de leur attribuer dans un patrimoine.

Un principe essentiel s'impose à tout capitaliste prudent. C'est de ne prêter aucune somme d'argent avant de s'être assuré au préalable, non seulement des garanties affectées à la créance, mais encore du remboursement intégral des fonds dans un espace de temps limité. De ce point de vue, on comprendra que les placements hypothécaires apparaissent comme étant au plus haut degré recommandables, car ils remplissent les deux conditions que nous venons d'énoncer. Ce genre de placement était en grand honneur autrefois. Il mériterait d'être plus souvent pratiqué à une époque d'insécurité pour les capitaux telle que la nôtre.

Le gage immobilier, à la condition absolue qu'il soit choisi avec discernement et en observant cer-

taines règles que nous préciserons tout à l'heure,
est en effet d'une solidité sans pareille. Bien
entendu, une hypothèque sérieuse doit toujours, et
sans exception, être une première hypothèque.
Toute autre n'est qu'une spéculation. De plus, le
prêt ne doit en aucun cas dépasser 50 p. 100 de la
valeur vénale présumée de l'immeuble affecté à la
garantie, en sorte qu'il subsiste une marge suffisante pour les dépréciations éventuelles et aussi
pour les intérêts impayés, frais d'expropriation et de
poursuites, etc., s'il y a lieu. L'usage est d'ailleurs
d'évaluer ces frais à 20 p. 100 du capital exposé,
en sorte qu'une inscription hypothécaire totale de
120.000 francs doit être prise sur un immeuble
d'une valeur d'au moins 200.000 francs pour
sûreté d'une avance de 100.000 francs, lesquels
sont seuls à porter intérêt au profit du créancier,
comme il va de soi.

En outre, et cette stipulation est de toute première importance, le délai fixé pour le remboursement ne doit pas, en principe, quelle que soit la
tentation qu'éprouve un rentier d'assurer son repos
pour une longue durée, s'étendre au delà de dix
années. Ce délai est d'ailleurs celui qui est fixé par la
loi elle-même pour le renouvellement des inscrip-
tions hypothécaires, et il n'est pas rare que les dispositions de la loi, comme beaucoup d'usages et de
mœurs, reposent sur des raisons de bon sens et
d'expérience. Il est néanmoins des capitalistes très
prudents qui préfèrent se tenir en deçà de cette
limite extrême de dix années et qui ne consentent

que des prêts à terme plus court. Il convient
d'approuver leur prévoyance. Car il suffit souvent
d'un espace de temps très bref pour que des constructions vieillissent, pour que la terre, dans une
région donnée, se déprécie, et pour qu'un immeuble
de rapport urbain, situé dans un quartier dont la
population vient à se détourner pour des causes
imprévues, ne trouve que difficilement des locataires ou ne les trouve plus que dans une catégorie
inférieure et moyennant une forte réduction des
loyers. Il suffit de se rappeler la disgrâce du Palais-
Royal, qui, après avoir été un des lieux les plus
fréquentés de Paris, a perdu sa vogue.

Les exemples et les chiffres cités par M. Pierre
Caziot, inspecteur général du Crédit foncier de
France, dans son remarquable ouvrage, *la Valeur
de la terre en France*, sont extrêmement significa-
tifs à cet égard. Nous citerons quelques cas qui
pourront fixer les idées.

Ainsi il n'est pas rare que des exploitations
rurales aient perdu en vingt ou vingt-cinq ans
beaucoup plus de la moitié de leur valeur. M. Pierre
Caziot signale une ferme du pays de Caux réputée
« excellente » et qui, payée 360.000 francs en 1876,
s'est vendue 165.000 francs seulement en 1905.
Très loin de là, et dans un autre pays renommé
pour sa fertilité, la Limagne, une propriété évaluée
au prix de 180.000 francs en 1879, a été achetée
43.500 francs en 1903. Dans la vallée de la
Garonne, un « domaine d'alluvions » qui, en 1884,
avait été payé 360.000 francs, frais compris, par

son propriétaire et passait pour valoir réellement 320.000 francs, a été cédé pour 105.000 francs seulement en 1904, c'est-à-dire juste vingt ans plus tard. On voit que, dans ce cas, qui n'est pas isolé, un créancier qui se fût reposé sur la règle de 50 p. 100 de garantie et qui eût consenti un prêt remboursable au bout de vingt ans se serait lourdement trompé. Une personne qui, en 1884, eût avancé au propriétaire de ce domaine 120.000 francs seulement, garantis par une première hypothèque et remboursables en 1904, eût peut-être pensé faire un placement des plus sérieux et dépourvu de risques. Dans la réalité, cette personne eût été imprudente et se fût exposée à une perte sensible, sinon même à une perte grave.

Aussi faut-il considérer que des prêts à court terme renforcent la garantie du capital avancé pour la raison qu'ils permettent au prêteur de suivre, pour ainsi dire pas à pas, la valeur de la propriété qui lui sert de gage. De plus, il devient possible au prêteur, par la diversité de ses placements hypothécaires, de se ménager des rentrées d'argent à des dates successives et d'échelonner les remboursements en sorte qu'il soit mis à même, mécaniquement, pour ainsi dire, de profiter des occasions qui se présentent, et, en particulier, d'un relèvement du taux de l'intérêt. La règle, ici, est la même que celle que nous poserons pour les emprunts d'État, les obligations de chemins de fer ou leurs succédanés. Représentez-vous la bonne fortune qui fût échue à un capitaliste qui, durant la crise de 1913-1914, eût vu arriver à expiration un prêt de 100.000 francs, consenti dix années plus tôt. Avec 100.000 francs, en 1904, il ne pouvait acheter, par exemple, que 215 obligations du chemin de fer du Nord. Avec la même somme en juin 1914, il pouvait en acquérir 240. Deux mois plus tard, en pleine guerre européenne, 100.000 francs liquides devenaient une fortune. Et, de toutes façons, la situation du créancier eût été excellente, car à toute demande de prolongation de délai ou de renouvellement de la part de son débiteur, il lui eût été possible de relever l'intérêt porté par l'obligation hypothécaire, vu la raréfaction des capitaux et la cherté du loyer de l'argent, d'obtenir 5 p. 100 et même davantage, au lieu de 4 p. 100, taux courant au début du xx⁰ siècle. Après la guerre, il est probable que le taux de 5 1/2 p. 100, autorisé par la loi, se maintiendra longtemps.

Enfin, il tombe sous le sens qu'un père de famille prévoyant et qui calcule que, dans un certain nombre d'années, il devra doter une fille ou pourvoir à l'établissement d'un fils, trouvera un avantage considérable à placer son argent de telle sorte qu'il soit assuré, au jour dit, de retrouver intacte et liquide la somme dont il pense avoir besoin. Or, tandis qu'il est absolument impossible de prévoir, même par approximation, cinq ou dix ans à l'avance, le cours des valeurs sur les marchés financiers, le remboursement d'une obligation hypothécaire de bonne qualité se fait au

contraire à la date fixée, sans perte et sans décep-
- tion.

Ces deux avantages conjoints : sécurité du
capital prêté, réapparition du capital intact dans
un délai rapproché, paraissent extrêmement séduisants à beaucoup de capitalistes avisés qui, en
outre, n'ignorent pas que l'administration et la loi
renforcent de toute leur autorité la situation des
créanciers hypothécaires.

Non seulement il y a des fonctionnaires spé-
ciaux attachés à la conservation des hypothèques,
mais encore le Code civil contient tout un « titre »
qui en établit les règles avec une précision minu-
tieuse. C'est que notre système administratif et
nos Codes ont été, il y a cent et quelques années,
l'œuvre de la bourgeoisie française. En remplis-
sant leur mission de législateurs, les représentants
du monde bourgeois s'étaient tout naturellement
appliqués à entourer la propriété de garanties particulières. Et naturellement aussi ils s'étaient oc-
cupés de la propriété sous les aspects qu'elle avait
coutume de revêtir de leur temps. Pénétrés de
cette idée que les patrimoines étaient quelque
chose d'intangible et de sacré et que l'État devait
mettre toutes ses forces au service de la conservation des patrimoines, les rédacteurs du Code civil
ont accumulé les précautions autour de la propriété immobilière et des hypothèques, qui cons-
tituaient l'élément essentiel des fortunes privées
au commencement du xixᵉ siècle. Notre Code
civil est le Code d'un pays où les terres et les mai-

sons représentaient les principales richesses, en
ce sens que terres et maisons étaient les valeurs
dans lesquelles toute richesse tendait à se convertir. Lorsque, plus tard, les valeurs mobilières
eurent pris leur essor et commencé à jouir d'une
vogue presque universelle, il fallut, tant bien que
mal, adapter nos lois à ce nouvel état de choses.
L'adaptation a été tellement insuffisante que, de
nos jours encore, le législateur se préoccupe de la
réviser chaque fois que le besoin de « protéger
l'épargne » s'impose à la suite de quelque scandale trop éclatant. D'ailleurs, on peut dire qu'aucune des mesures que le législateur a prises en ce
sens n'a eu d'efficacité réelle. Quelquefois même
ces mesures se sont retournées contre les inten-
tions de leurs auteurs : témoin l'obligation, pour
les sociétés qui font appel au crédit public, de
publier leur bilan et un certain nombre d'autres
renseignements au *Journal officiel,* insertions
dont les émetteurs malhonnêtes se servent ensuite
auprès de la masse des naïfs comme d'une estam-
pille de l'État.

Au contraire, les précautions qui sont prises
pour la protection du créancier hypothécaire ne
laissent place à aucun doute. Tous les articles du
Code civil qui y ont trait sont d'une perfection
digne de servir de modèle. Et cela même constitue une garantie qui n'est pas à dédaigner.

Au point de vue fiscal, les créanciers hypothécaires ont été jusqu'à présent relativement ména-
gés : cela dit au point de vue du créancier, s'entend,

car le débiteur, pour sa part, a des droits d'enregistrement très lourds à acquitter. En tout cas, le
créancier hypothécaire avait touché, jusqu'à hier,
ses intérêts nets de tout impôt. La taxe de
5 p. 100 en est retranchée depuis la mise en
vigueur de l'impôt cédulaire sur les diverses
sources de revenus. Toutefois, il est permis de
considérer que le « tour de vis », en ce qui concerne cette « cédule », sera modéré, sinon retenu
par le souci très apparent dans le Parlement français, de ne pas mécontenter trop vivement le monde
rural. En effet, toute taxation aura pour effet de
rendre plus exigeants les détenteurs de capitaux
qui ont tendance à se dédommager sur l'emprun-
teur. Or les petits propriétaires, dans nos campagnes, recourent fréquemment aux emprunts
hypothécaires pour se procurer les fonds nécessaires à la mise en valeur ou au développement de
leur exploitation. Il arrive même que des cultivateurs hypothèquent la terre qu'ils possèdent afin
d'en acquérir une autre à laquelle, par leur labeur,
ils réussissent à faire produire plus que l'intérêt
de la somme qu'ils ont empruntée. Les populations
agricoles forment une clientèle électorale dont les
vœux sont très écoutés. Il paraît donc assez probable, pour ces raisons, que le revenu des créances
hypothécaires a chance, pendant assez longtemps,
d'être moins frappé que le revenu des valeurs
mobilières.

La meilleure preuve du caractère avantageux
des placements hypothécaires réside dans le fait

que les établissements connus sous le nom de
« Crédits fonciers » n'exercent pas une autre
industrie que celle qui consiste à placer sur hypothèques les sommes qu'ils empruntent au public,
leur bénéfice étant constitué par la différence
entre l'intérêt qu'ils reçoivent de leurs débiteurs
d'une part, et l'intérêt qu'ils payent à leurs propres
obligataires de l'autre. Il est donc clair que le
capitaliste trouve avantage à pratiquer directement
l'opération qu'il fait par personne interposée en
achetant les obligations d'une société de Crédit
foncier.

Seulement il va sans dire que le capitaliste doit
suppléer par un redoublement d'attention et de
prudence aux services d'information que possèdent de grands établissements supérieurement
outillés. Il est on ne peut plus dangereux de prêter
de l'argent, même en première hypothèque, sur
un immeuble quelconque, si l'on ne s'est pas
assuré par soi-même de la valeur et du rendement
de cet immeuble. Il importe de ne pas se laisser
éblouir par les mots de « première hypothèque ».
Les capitalistes qui succombent à la tentation de
placer de l'argent sur des propriétés lointaines et
qu'ils n'ont jamais vues s'exposent à de fâcheuses
mésaventures.

Il est particulièrement périlleux d'accepter pour
gage des propriétés de plaisance, châteaux, parcs, etc,
qui n'ont, en somme, d'autre valeur que leur
attrait aux yeux d'un nombre limité de personnes,
et qui représentent des charges plutôt qu'un rap-

port. A éviter encore (sauf exceptions légitimées par la connaissance approfondie de cas particuliers) les constructions destinées à l'industrie. Il est souvent arrivé qu'un prêteur téméraire se réveillât un matin nanti d'un château ou bien d'une manufacture abandonnée par le manufacturier en faillite, et se trouvât bien en peine de tirer parti de son gage. Aussi les statuts du Crédit foncier de France qui, d'une façon générale, éliminent toute cette catégorie d'immeubles de ceux sur lesquels peuvent être consenties des avances, doivent-ils servir de guide à cet égard. Il n'en arrive pas moins au Crédit foncier lui-même d'éprouver des surprises et des pertes. En 1914, on a dû mettre en vente à sa requête un des plus grands hôtels de Trouville, maison naguère très achalandée et qui, en outre, comportait 4.000 mètres de terrain dans le plus bel emplacement d'une plage à la mode. La concurrence, surgie à l'improviste, d'une plage voisine, ayant causé un tort considérable à Trouville, la marge de garantie, jugée quelques années auparavant plus que suffisante par le Crédit foncier, s'est trouvée réduite à tel point que cet établissement a eu lieu de concevoir de fortes craintes pour sa créance. Il y a là une indication à retenir pour le capitaliste judicieux et prudent, qui sera toujours sage d'éviter de s'engager dans les affaires qui reposent sur l'exploitation d'une vogue ou d'un plaisir. D'une année à l'autre, un simple caprice du public suffit à ruiner une station thermale, un casino, un théâtre, etc. Les exemples

sont innombrables et chacun en retrouverait sans
peine dans sa mémoire de très frappants.

Les hypothèques sur les maisons de rapport et
sur les terres cultivées sont donc les seules qui se
recommandent. Encore faut-il, dans ces cas mêmes,
choisir avec soin et se conformer aux observations
que nous avons formulées plus haut pour l'acquisition de ces deux sortes de propriétés. Il est tout
à fait déraisonnable de prendre pour gage des
terres situées dans une région en pleine décadence agricole et qui n'a pas ou n'a que peu de
chances de se relever. Il est téméraire également
d'avancer de l'argent sur les vignobles, lesquels
sont particulièrement sujets à des crises graves.

Il n'est pas très rare d'ailleurs que, dans les
provinces, les notaires, qui servent d'intermédiaires entre le créancier et le débiteur et pour
qui ces opérations représentent une part très
appréciable de leur activité, ajoutent leur garantie
personnelle à la garantie hypothécaire qu'ils ont
négociée. Il n'est pas rare non plus qu'ils se
chargent de tous les recouvrements. Lorsque le
notaire est une personne solvable, éprouvée, et
qui mérite notoirement confiance, le capitaliste
peut, à la rigueur, se dispenser de s'assurer par
lui-même de la solidité de son gage. Ce cas se
présente surtout dans les campagnes où l'on a
l'avantage de connaître de plus près que dans les
villes les personnes et les situations de fortune.
Ajoutons qu'un inconvénient des placements
hypothécaires est que le paiement des arrérages

ne se fait pas toujours avec la régularité absolue
à laquelle est accoutumé le porteur de bonnes
valeurs mobilières. Il est même d'usage, dans
certaines régions rurales de la France, qu'un
délai de trois mois soit accordé au débiteur. Mais,
bien entendu, l'argent prêté porte intérêt jusqu'au
jour où le remboursement intégral est effectué,
sans quoi la tolérance précitée deviendrait un
cadeau pur et simple accordé au débiteur.

Ces observations faites, nous ne pouvons que
répéter notre opinion sur les placements hypothécaires, qui sont éminemment propres, dans une
période de trouble pour les capitaux comme celle
qui vient de s'ouvrir, à apporter aux fortunes privées un précieux élément de stabilité. Un capitaliste qui placerait le cinquième environ de sa fortune en hypothèques de premier rang, sur des
gages solides, judicieusement choisis, aurait
chance de faire un très bon calcul et de s'en féliciter dans l'avenir. Nous pouvons ajouter, pour
l'édification du lecteur, que nous connaissons des
personnes qui sont mêlées de près, en raison de
leur profession, aux affaires de la Bourse et qui
n'en placent pas moins, de la manière que nous
venons de définir, une notable fraction de leur
avoir. Il y a là, nous semble-t-il, une indication
à retenir et à utiliser.

Nous savons qu'on reproche à ce genre de placement l'immobilisation de capital qu'il entraîne,
ainsi que la difficulté de céder et de négocier les
obligations hypothécaires. Les transferts sont

certes possibles, mais ils sont coûteux : 4 p. 100
du capital environ. C'est pourquoi l'on a dit que
le créancier était « rivé à l'hypothèque ». N'est-il
pas rivé bien autrement, le porteur de valeurs
mobilières qui ont baissé de 20, 30 ou 50 p. 100,
sinon davantage, qui ne trouvent plus d'acheteurs en Bourse et ne sont plus cotées ou n'offrent plus que des cours fictifs ?

L'immobilisation des capitaux par le prêt hypothécaire n'est pas niable. Mais, sans compter que
la question ne se pose pas pour les personnes qui
vivent de leurs revenus, l'inconvénient peut être
notablement atténué par le système qui consiste
à fractionner les placements. Ce système, comme
nous l'avons montré, permet au prêteur d'échelonner les remboursements et de se ménager des
rentrées successives de capital liquide. Quant à
l'objection tirée de la peine qu'il faut se donner
pour trouver de bons gages immobiliers, dépourvus de vices cachés, nous demandons si elle ne
s'applique pas à l'acquisition des valeurs mobilières et dans des conditions infiniment pires
d'obscurité et de tâtonnement.

CHAPITRE V

EMPRUNTS FRANÇAIS ET EMPRUNTS DES ÉTATS ALLIÉS DE LA FRANCE

Danger des rentes perpétuelles. — Qu'il faut leur préférer les rentes amortissables. — Comparaison des deux 3 p. 100 français. — Le crédit de la France victorieuse. — Ombres et clartés. — Raisons pour lesquelles le capitaliste doit être porteur des rentes nouvelles. — Emprunts des villes et des colonies françaises. — Immense prospérité des États-Unis. — La décadence des consolidés anglais et les fonds britanniques. — Rente belge. — Rente italienne. — La catastrophe russe et nos milliards : incertitudes de l'avenir et richesses latentes de la Russie. — Fonds roumains, serbes, grecs et portugais. — Japon et Chine.

Avant le mois d'août 1914, la dette publique des grands États européens atteignait un total dont s'effrayaient les financiers. Celle de la France semblait particulièrement lourde et inquiétante : une trentaine de milliards, passif du XIXe siècle et de la défaite de 1870, avec une population stationnaire et une exportation lentement progressive, largement dépassée par celle de nos concurrents. Peu d'amortissement. Des dépenses croissantes, des charges toujours plus lourdes, des budgets plus enflés... Ces préoccupations se répandaient

dans le public et la vieille confiance dans la rente
française commençait à être ébranlée. Au-dessus
du pair, dans les premières années du xx° siècle,
le 3 p. 100 s'était effrité peu à peu, d'autant plus
qu'il était menacé de l'impôt cédulaire. Certaines
personnes se vantaient de ne plus en avoir un
centime en portefeuille et se félicitaient d'avoir
échappé à une diminution certaine de leur
capital et de leur revenu.

« Il n'y a pas de rente perpétuelle. Il n'y a que
les concessions de cimetière qui soient à perpétuité. Et encore un jour vient où l'on désaffecte les
cimetières », disait un homme d'esprit. Il tradui-
sait ainsi l'inquiétude qui s'empare de tous les
détenteurs de titres, lorsque ces titres ne sont
pas soutenus par un amortissement régulier, dès
qu'un mouvement continu de baisse commence à
se produire. Une rente est perpétuelle lorsque son
capital *ne doit jamais être remboursé*. Ce capital
n'est représenté que par les cours cotés en Bourse,
eux-mêmes expression du crédit public. Qu'une
grande crise survienne, et c'est alors seulement
que la masse s'aperçoit qu'il est anormal de
prêter à l'État autrement qu'on ne prête aux particuliers, c'est-à-dire sans prescrire un terme pour
le remboursement.

En temps de calme et de prospérité, quand le
loyer de l'argent s'abaisse et que l'État n'a pas
besoin d'emprunter, la rente atteint et dépasse le
pair. Alors l'État réduit sa dette perpétuelle par
le moyen des conversions. Telle est sa façon de

rembourser. C'est ainsi que, par l'effet de réductions successives, notre vieux 5 p. 100 était devenu du 3 p. 100 en 1902. Mais que survienne une grande catastrophe, alors les cours descendent avec une vitesse vertigineuse. Voilà comment les porteurs de rente perpétuelle, après avoir vu leur intérêt diminuer des deux cinquièmes, avaient fini par voir leur capital lui-même diminuer d'un tiers puisque, venant du pair, le 3 p. 100 ne valait guère plus d'une soixantaine de francs en 1919.

Pendant ce temps, l'autre type de 3 p. 100, le 3 p. 100 amortissable, ne perdait qu'un quart de sa valeur et se tenait à 75 francs. C'est que, celui-là, l'État s'est engagé à le rembourser par séries tirées au sort chaque année et qu'il a tenu scrupuleusement cet engagement pendant toute la guerre. Le porteur de 3 p. 100 amortissable a l'assurance écrite de revoir son capital, assurance que le porteur de 3 p. 100 perpétuel n'a pas. Et, dans un temps d'incertitude, la garantie du capital est ce qui importe le plus. On ne prête plus qu'à très court terme quand le lendemain n'est pas sûr. Le gouvernement français l'a si bien compris que, pendant les hostilités et même après, il a émis des bons et des obligations aux échéances les plus diverses, variant d'un mois à dix ans, et qui ont obtenu pour cette raison un immense succès.

En même temps, il émettait des rentes perpétuelles mais à des prix très inférieurs, du 5 p. 100

à moins de 90 francs, du 4 p. 100 aux environs de 70, ce qui promettait aux souscripteurs, outre un intérêt substantiel, une augmentation considérable de leur capital, avec la hausse escomptée des cours dans un avenir plus ou moins rapproché. Mais cette espérance ne pouvait rivaliser avec la certitude donnée par les bons et les obligations à court terme ni même avec les chances de tirage au sort du 3 p. 100 amortissable dont les cours sont plus élevés que ceux des deux emprunts de guerre 4 p. 100.

De ces constatations, un enseignement précieux se dégage pour les porteurs de fonds d'États.

Si puissant et si prospère que soit un État, rien n'est éternel. Il n'y a pas de progrès indéfini. Si le crédit public est solide, l'État convertit ses rentes ; c'est ce qu'avaient fait tour à tour, dans la période contemporaine, la France, l'Italie, précédées par l'Angleterre dont le *consolidé* n'était plus que du 2 1/2. Quand, au contraire, le crédit public faiblit, les cours s'effondrent et le capital est atteint. Après quelques mouvements de bascule de ce genre, au bout d'un certain nombre d'années, que resterait-il d'une fortune constituée en rentes dites perpétuelles sur l'État le plus riche et le mieux administré du monde, — en admettant que cet État durât toujours semblable à lui-même, alors que nous avons sous les yeux l'exemple de tant d'Empires écroulés ? Il est clair qu'il n'en resterait plus que ce qui reste des anciennes rentes sur l'Hôtel-de-Ville du temps passé : un simple souvenir.

Un père de famille soucieux de l'avenir de ses enfants et de la conservation de son patrimoine doit donc suivre les fluctuations de la rente elle-même d'aussi près que celles d'une valeur industrielle. D'ailleurs, la rente n'est-elle pas une action de ces vastes sociétés qui s'appellent les nations ? L'idée de l'État a acquis de notre temps un prestige et même une majesté qu'elle a dus à la stabilité dont les grandes puissances avaient fait preuve pendant le xix⁰ siècle. C'est ce qui effaçait le souvenir de la faillite partielle où était tombé notre pays, lorsque la Révolution française avait été obligée de renter les deux tiers de sa dette en donnant au reste le nom de « tiers consolidé ». Il a fallu la guerre pour rappeler aux rentiers la fragilité des États.

La Russie ruinée par la révolution, l'Autriche-Hongrie décomposée : l'exemple de ces deux puissances, où le public français avait placé tant d'argent, a montré combien était sage le vieux conseil de ne pas mettre tous ses œufs dans le même panier. D'autre part, dans les pays victorieux eux-mêmes, l'énorme baisse des anciens fonds publics révélait le danger des rentes perpétuelles, puisque le porteur de consolidé anglais, naguère réputé la première valeur du monde, perdait 40 p. 100 de son capital. Les fonds d'État qui passent pour les plus sûrs exigent donc, comme tous les autres éléments des fortunes, une attention toujours soutenue, une prudence toujours en éveil.

Ces expériences cruelles, dont plus d'un patrimoine français aura peine à se relever, doivent nous servir à réitérer ce conseil fondamental : protégez au moins une partie de vos capitaux en ne les plaçant pas tous à fonds perdus. Garantissez-vous une certaine stabilité par des placements temporaires et remboursables à échéances fixes. Ne vous fiez pas aux seuls cours de Bourse pour évaluer votre fortune. La vieille société est entrée dans une période de secousses et de transformations où les crises seront fréquentes. Jouez, si vous voulez, la chance de sa conservation et de son relèvement. Assurez-vous aussi contre les risques possibles en les divisant avec sagesse, dans le temps aussi bien que dans l'espace. Et prenez toujours pour guide la préservation de votre capital, de façon à être toujours à même, en cas de perte, d'en retrouver une partie et de réparer votre fortune.

A la lumière de cet avertissement préalable, nous examinerons utilement au point de vue pratique les conditions présentes et, autant que possible, à venir, des fonds émis par les divers États, en commençant par ceux qui ont pris part à la guerre.

***

« Soyez toujours à la hausse sur votre pays, *be always a bull on your country.* » Ce conseil vient

du grand financier américain Pierpont Morgan.
Nous plaindrions, en effet, le Français qui, pouvant
souscrire, ne fût-ce qu'à cinquante ou à cinq francs
de rente, se serait abstenu de participer pendant
la guerre aux emprunts de la Défense nationale.

Jusqu'ici les souscripteurs n'ont pas eu à regretter leur confiance. Ils n'ont pas seulement entre les
mains un titre dont le revenu, au prix d'émission,
ressortait à plus de 5 1/2 p. 100, garanti
pendant vingt-cinq années contre tout impôt ou
conversion. Ils ont pu, parfois, enregistrer une plus-
value qui, normalement, devrait se reproduire et
augmenter.

L'heureuse terminaison de la guerre permet
d'abord d'espérer que, malgré l'énormité de ses
pertes et de ses charges, la France ne fera pas
faillite, sort qui est réservé aux vaincus. Sans
doute il faudra à l'État, pour triompher de ses
énormes difficultés financières, de la prudence, de
la sagesse, une bonne administration. Reste à savoir si nous avons ces garanties. Il lui faudra
aussi obtenir des États-Unis une aide de plusieurs
années et des avances sur les milliards à payer par
l'Allemagne à titre de réparations. Il faudra en
outre que ces milliards soient exactement payés
par les vaincus. Il faudra, enfin, que nous ayons
vis-à-vis de l'Allemagne une sécurité telle que
nous ne soyons plus exposés au danger d'une
nouvelle guerre, ni, par conséquent, astreints à
supporter le fardeau d'une armée permanente.

Si ces conditions sont remplies, alors, et alors

seulement, la France reconstituera sa vie économique et fera face à ses engagements malgré l'effroyable saignée qui lui a enlevé près de deux millions d'hommes énergiques, la fleur de la nation. La France retrouve, libres de charges, ses riches provinces agricoles et industrielles d'Alsace et de Lorraine. Il ne tient qu'à elle et à son gouvernement d'être de nouveau florissante quand la période de la liquidation sera franchie.

Voilà pour la sécurité qu'offrent dans l'avenir les emprunts français. Nous ne croyons pas qu'il convienne de nourrir des espérances exagérées. Jusqu'à ce que les rentes nouvelles se stabilisent au pair ou aux environs du pair, en admettant même qu'il ne survienne pas de gros imprévu, il y aura encore plus d'une crise et, par conséquent, plus d'un recul. L'Europe reste trop troublée pour qu'il n'y ait pas, ici et là, quelques nouveaux orages. A l'intérieur même, il serait excessif de compter que l'harmonie sera toujours parfaite.

La France offre toutefois une particularité qui, aux yeux de l'homme réfléchi, est singulièrement précieuse. C'est, par excellence, le pays de la petite propriété et des fortunes moyennes. Cet état social, dans une époque tourmentée, est éminemment favorable à la sécurité des capitaux. Il atténue les luttes violentes entre possédants et non-possédants. On doit se rappeler que sept millions de personnes ont souscrit à l'emprunt 4 p. 100 de 1918. Cela fait qu'environ quatre familles françaises sur cinq sont intéressées, par le fait de ce seul emprunt, à la tranquillité publique et à la solvabilité de l'État. Une pareille proportion ne se retrouve dans aucun autre pays.

Prises en elles-mêmes, estimées à leur valeur intrinsèque, toute considération de sentiment et de patriotisme mise à part, les nouvelles rentes françaises offrent donc un attrait et des garanties appréciables. Le capitaliste français a même un intérêt certain à en être muni. D'abord leur revenu est exonéré de tout impôt cédulaire. Ensuite, des dispositions fiscales ont prévu que les rentes émises pendant les hostilités, déjà acceptées en payement des taxes sur les bénéfices de guerre, le seraient également en payement des taxes successorales. Il y a là une tendance à laquelle il faut prendre garde, car elle pourra se développer. Elle consiste à privilégier le porteur de rentes françaises par rapport au porteur d'autres titres. Au cas, qui n'est nullement impossible, où des impôts extraordinaires viendraient à être établis, le même privilège pourrait encore trouver une application considérablement étendue, tandis qu'un capitaliste non pourvu de nos fonds nationaux pourrait être exposé à des sacrifices supplémentaires. C'est une conséquence de cette loi de la nationalisation de l'argent que nous avons exposée plus haut.

Aussi pensons-nous qu'à tous les égards le capitaliste français serait bien inspiré en plaçant environ la huitième partie de sa fortune en rentes françaises perpétuelles des différentes séries qui sont actuellement à sa disposition. A lui de voir

un jour, si, comme on l'espère, le cours de ces
rentes a sensiblement monté, il doit réaliser et
consolider son bénéfice. Nous le répétons : rien
n'est éternel. Même si une période de tranquillité
et de prospérité doit s'ouvrir, un moment viendra
toujours où les vaches maigres succéderont aux
vaches grasses. Il sera bon d'avoir mis à profit les
heures favorables pour s'abriter contre les retours
de fortune et de ne pas s'endormir sur le mol
oreiller d'une « perpétuité » illusoire.

D'ailleurs, l'État français lui-même, ses grandes
villes et ses colonies offrent et offriront encore
une grande variété d'emprunts amortissables, ga-
rantissant des remboursements de capitaux soit à
échéance fixe, soit par tirage au sort. Il est probable que pendant assez longtemps le Trésor continuera à émettre des bons à courte échéance pro-
ductifs d'un intérêt avantageux. Ce sera un excellent refuge pour les capitalistes désireux de voir
venir les événements et de se ménager des dispo-
nibilités.

Les emprunts des grandes villes et notamment
de la ville de Paris, qui a toujours tenu ses engagements d'une façon scrupuleuse, ne cesseront
certainement pas d'être recherchés par l'épargne,
et avec raison. La ville de Paris a coutume d'offrir
au public des emprunts à lots. Nous ne conseillerons jamais à personne de sacrifier à l'attrait de la
loterie une part importante de son revenu. En
général, les emprunts à lots sont moins rémuné-
teurs que les autres et l'on paie cher quelques

millièmes de chances de s'enrichir grâce à un hasard heureux. Lorsque les valeurs à lots donnent un intérêt inférieur à la moyenne, il convient de n'en prendre que pour ouvrir une porte à la fortune. Le calcul des probabilités montre que la perte de revenu éprouvée sur cent titres de ce genre n'est pas compensée par la chance de voir sortir un des bons numéros. Dans ce cas, les valeurs à lots doivent être considérées comme des billets de loterie de qualité supérieure. Les portefeuilles bien administrés ne leur font qu'une part restreinte.

Les emprunts des colonies françaises doivent être assimilés aux emprunts de la métropole et jouissent des mêmes garanties quand ils ont la caution de l'État. Les personnes très prévoyantes feront cependant une distinction entre nos possessions africaines et nos possessions asiatiques. Les premières ne semblent pas avoir, d'ici longtemps, à redouter le sort de tant de colonies qui, au cours des siècles, ont passé de main en main. Nous sommes solidement établis, et plus solidement encore depuis la guerre, dans l'Afrique du Nord et dans l'Afrique occidentale. Les obligations 3 p. 100 de cette dernière, dont le coupon est net d'impôt, sont séduisantes. Remboursables à cinq cents francs, elles valaient environ trois cent cinquante francs en 1919. Pour l'Afrique du Nord, qui comprend l'Algérie, la Tunisie et le Maroc, les obligations marocaines sont, par le revenu, les plus rémunératrices. Les Tunisiennes 3 p. 100, surtout celles de la série 1892, la plus ancienne et dont l'amortissement est par conséquent plus rapide, paraissent les plus dignes d'être recherchées.

Quant à nos colonies d'Extrême-Orient, Indo-Chine, Annam et Tonkin, leur destinée est beaucoup moins sûre. L'Asie, avec son énorme population, pourrait bien être travaillée un jour ou l'autre par ces mouvements nationalistes qui, venus d'Europe, ont répandu leurs ondes un peu partout. Déjà, aux Indes, se sont manifestés des signes précurseurs qui ne laissent pas d'inquiéter les Anglais. Il y a, dans le monde asiatique, de grosses inconnues. Il est inutile de les affronter sous la forme de valeurs qui n'offrent aucun avantage spécial et dont il est facile de s'abstenir. Remarquons en outre que l'obligation 3 1/2 de l'*Indo-Chine* n'est pas garantie par l'État français.

*
* *

Avant de passer en revue les fonds d'États étrangers, il importe de rappeler que les coupons de ces valeurs sont soumis, en France, à un impôt cédulaire qui est actuellement de 6 p. 100 et qui pourra bien être aggravé un jour ou l'autre. Certaines de ces valeurs acquittent déjà des taxes dans leur pays d'origine. Il est possible qu'avec la marée montante des budgets, ces taxes soient augmentées là où elles existent, créées où elles n'existent pas. On devra donc tenir compte de ces déductions dans le calcul du revenu. Cette observation s'applique d'ailleurs à toutes les sortes de valeurs étrangères.

Une autre remarque concerne le change. Avant la guerre, la France avait sur toutes les places des changes excellents. La guerre a bouleversé cette situation. Le franc vaut moins que le dollar, la livre sterling, le florin, etc... Les personnes qui possédaient des valeurs de pays au crédit solide ont bénéficié de ce renversement des rôles. Elles touchent une prime importante sur leurs coupons payables en monnaie étrangère. Elles enregistrent aussi une plus-value sur leurs titres eux-mêmes, qu'elles peuvent alors trouver avantage à vendre au dehors.

Aujourd'hui, les changes sur l'Angleterre, les États-Unis et les pays neutres prospères, restent défavorables à la France dans des proportions qui ne se sont jamais vues. Il est probable que cette tension se prolongera quelque temps encore. Elle est, comme nous venons de le dire, extrêmement profitable pour les porteurs de valeurs américaines, anglaises, espagnoles, suisses, hollandaises et scandinaves, dont le revenu et le capital bénéficient d'un accroissement qui va de 20 à 40 p. 100. Quant aux personnes qui acquièrent actuellement ces sortes de valeurs, il va sans dire qu'elles doivent débourser une somme correspondant à la dépréciation du franc, ou, s'il s'agit de titres cotés à la Bourse de Paris, les payer plus cher. Si le franc remonte, si l'équilibre des changes vient à se rétablir dans un temps relativement court, les

personnes qui auraient exporté prématurément
leurs capitaux seraient exposées à subir une perte
sèche. C'est un point qui ne doit pas être perdu
de vue.

Un autre qu'on ne doit pas négliger non plus,
c'est que tel État, aujourd'hui ami ou neutre,
peut être dans l'avenir entraîné dans un conflit
avec la France. Placer toute sa fortune ou une
grande partie de sa fortune dans un seul pays
étranger est donc une imprudence, quelques
raisons qu'on ait de croire que les relations de la
France avec ce pays seront toujours bonnes.

* *

De tous les pays du monde, les *États-Unis* ont
incomparablement les finances les plus solides.
Avant leur participation à la guerre, ils n'avaient
pour ainsi dire pas de dette nationale et leur
rente a p. 100 était au pair. Elle était d'ailleurs
à peu près introuvable. Depuis son entrée dans
la guerre, le gouvernement fédéral a émis plusieurs emprunts qui ont été des succès magnifi-
ques. Au commencement de l'année 1919, tous
ces emprunts étaient au pair, sinon au-dessus.
Le 4 p. 100 remboursable en 1925 avait même
atteint, à la Bourse de New-York, le cours de
109. Les deux « emprunts de la liberté », *Liberty
loan*, l'un 3 1/2, l'autre 4 1/4, approchaient des
mêmes cours. Ce sont, incontestablement, les
premières valeurs du monde.

Pour se rendre compte des bases solides sur lesquelles repose la prospérité des Etats-Unis, il suffira de lire cet exposé que nous empruntons à un article du *Brooklyn Eagle* publié le 25 décembre 1918 :

Au 1er juillet 1912, la richesse des Etats-Unis était évaluée à 188 milliards de dollars, soit $ 1.965 par tête. La dette nationale était alors de 1 milliard de dollars, soit $ 10.77 par tête.

Au 1er octobre 1917, la richesse nationale était évaluée à 225 milliards de dollars... et plus de 3 milliards de dollars s'y sont ajoutés depuis cette date.

Il est vrai que notre dette nationale s'est accrue, elle aussi. En octobre 1917 elle était de $ 4.500.000.000, et aujourd'hui elle est de $ 17 milliards. Mais de cette somme il faut déduire les $ 8 milliards qui nous sont dus par l'étranger, et dont les intérêts annuels s'élèvent à plusieurs millions de dollars. La France et le Royaume-Uni ont une dette qui atteint presque la moitié de leur richesse nationale. Les $ 9 milliards de dette nette des Etats-Unis n'atteignent pas 1/25 de leur richesse nationale. De plus, notre richesse nationale est presque triple de celle du Royaume-Uni et quadruple de celle de la France.

Pour les ressources, les Etats-Unis sont également la « terre de Dieu ». Nous possédons 60 p. 100 du pétrole mondial. Nous avons chez nous deux tiers du cuivre, plus des deux tiers du coton, 40 p. 100 du charbon et du minerai de fer existant dans le monde. Dans le chiffre de nos importations, les produits manufacturés n'entrent que pour 13 p. 100, tandis que, sur les 6 milliards de dollars de marchandises que nous avons exportées dans le courant de l'année dernière, 4 milliards étaient représentés par des produits fabriqués par les machines américaines et travailleurs américains.

Et si on demande si tout ce commerce ne va pas dispa-

raître maintenant que la guerre est finie, il faut répondre
sans hésitation qu'il n'en sera rien. C'est un fait regret-
table qu'il faudra à l'Europe plusieurs années pour rétablir
ses industries. Son capital et son énergie devront pendant
quelque temps être consacrés au travail de la construction.
Les manufacturiers américains devront fournir les millions
de dollars de matériaux dont l'Europe aura besoin pour se
remettre sur pied. Et, dans les années qui vont venir, les
États-Unis devront fournir la plus grande partie de ce qui
se vendra en Asie et dans l'Amérique du Sud. Notre commerce avec ces parties du monde a doublé depuis le début
de la guerre, et il nous en restera une grande partie, même
si les États-Unis refusent d'engager une concurrence sans
merci avec les puissances aux côtés desquelles ils ont com-
battu.

Aux garanties qu'apporte cette prospérité, les
emprunts des États-Unis ajoutent celles qui résul-
tent d'une sécurité politique et sociale qu'on cher-
cherait vainement ailleurs. Les États-Unis n'ont
pas, d'ici longtemps, de grand danger extérieur à
craindre. A l'intérieur, le socialisme, qui compte
encore à peine comme élément électoral, a des
formes modérées et il n'y a pas de pays où les
tentatives de sabotage, d'anarchie et de bolchevisme, comme celles des Travailleurs Internatio-
naux pendant la guerre, aient été plus énergique-
ment réprimées. C'est sans doute aux États-Unis
que le régime capitaliste, tel qu'il a régné en
Europe pendant le XIXᵉ siècle, se maintiendra le
plus longtemps. La richesse américaine, la légèreté
des charges du gouvernement fédéral, ne donne-
ront pas lieu non plus à une fiscalité excessive.
Bien que les États-Unis aient commencé à con-

naître les taxes et les impôts, ils ont encore, à cet égard, une marge étendue par rapport aux grands États européens.

Un emprunt comme celui de la ville de New-York (*New-York City 4 1/2* remboursable en 1957) est de tous points assimilable à ceux du gouvernement fédéral. Nous renvoyons le lecteur au chapitre des obligations industrielles pour les bons d'entreprises municipales émis par les grandes villes américaines.

Les valeurs canadiennes de même nature se recommandent également et, pour les mêmes raisons. Ainsi le *Canadian Fives* remboursable en 1931, le *4 1/2 Canadien* (1920-1956), le *Dominion of Canada 3 0/0* (1938), les *Ville de Montréal 3 1/2* (1933). Ces fonds, comme ceux des États-Unis, sont au pair ou voisins du pair et offrent peu de chances d'une hausse considérable. Mais leur stabilité fait peu de doute et leur remboursement est prochain. La richesse du Canada, l'esprit de travail et d'ordre qui anime sa population, constituent des garanties d'une qualité rare. Au cas, nullement impossible, où de nouvelles secousses européennes viendraient à se produire, on ne regretterait pas d'avoir abrité contre les risques une fraction de son capital placée en bonnes valeurs d'État ou de grandes villes américaines et canadiennes.

*
* *

On citait autrefois Victor Hugo et le président de la République Jules Grévy comme ayant donné le mauvais exemple d'expatrier leur bien et d'accorder plus de confiance à la rente anglaise qu'à la rente française. Cependant, comme nous l'avons dit plus haut, un placement en *Consolidés anglais*, effectué il y a trente ou quarante ans, n'aurait pas été très profitable. Il ne semble pas non plus qu'à l'heure actuelle les fonds d'Etat britanniques doivent être mis en portefeuille par des étrangers, au moins pour des quantités considérables.

Ce n'est pas que l'Angleterre soit, à aucun degré, menacée de faillite. Son crédit reste et restera sans doute brillant. Quelle que soit l'énormité de la dette qu'elle a dû contracter pour faire face à ses dépenses de guerre, elle n'en sera pas écrasée. Après les guerres napoléoniennes, le Royaume-Uni devait une vingtaine de milliards, somme inouïe à cette époque. Les économistes du temps pensaient qu'un pareil passif était incompatible avec de bonnes finances. Cependant, grâce au développement de sa population, de son industrie et de son commerce, grâce aussi à sa bonne politique budgétaire, le Royaume-Uni a supporté sans peine et amorti régulièrement sa dette des temps passés.

De nos jours, 250 milliards ne sont pas plus

pour l'Angleterre que 20 milliards il y a cent ans. De nos jours, comme alors, l'Angleterre est venue à bout de son ennemi. Elle occupe dans le monde une situation qui n'a jamais été si belle. Elle est la grande bénéficiaire de la victoire. De tous les belligérants européens, c'est elle sans doute qui supportera le moins difficilement le poids de ses dettes.

Elle n'a qu'un point noir : la question sociale. Pas de petite propriété, peu de classes moyennes, un faible goût de l'épargne : entre un vaste prolétariat et un haut capitalisme puissant mais restreint, il n'y a pas, en Angleterre, de matelas qui s'interpose. Une crise grave, dont nous voyons déjà les prodromes, est possible. Si, comme il y a lieu de le penser, la politique anglaise reste fidèle à elle-même, elle continuera ce qu'elle avait déjà commencé avant la guerre. Elle résoudra le problème en imposant des sacrifices étendus à la fortune. Le porteur français de valeurs britanniques serait exposé à payer de lourds impôts à la fois en France et en Angleterre, car il n'est pas certain que l'income-tax soit toujours remboursé aux porteurs étrangers. Ceux-ci seraient donc doublement atteints. Avant de placer de fortes sommes de l'autre côté de la Manche, on fera sagement de calculer le péril des deux taxations. Les personnes qui passeront outre ont le choix entre les *Consolidés* dont nous avons parlé plus haut, les emprunts de guerre, ou *War Loans* (3 1/2, 4, 4 1/2 et 5 o/o) et quelques fonds hautement réputés comme l'*Irish Loan* 2 3/4 et le *London County Council* 3 1/2, ainsi que quelques fonds coloniaux.

* *

La *Belgique* avait été surprise en pleine prospérité par l'agression allemande. Comme les peuples heureux, jusqu'en 1914 elle n'avait pas d'histoire. Le jeune État belge, qui date seulement de 1830, n'avait jamais connu d'aventures ni de catastrophes. Son passif était donc léger et sa dette avait été employée presque tout entière à mettre le pays en valeur. Il suffit de se souvenir que la Belgique était, par rapport à sa population et à sa superficie, le premier des peuples exportateurs d'Europe, ce qui légitimait l'excellence de son crédit.

On doit penser qu'elle retrouvera cette prospérité après la guerre, quand les dommages qu'elle a subis auront été réparés. Sans doute, ses charges seront plus lourdes. S'il doit y avoir encore des budgets militaires, la Belgique, ayant renoncé à une illusoire neutralité, en aura un. Toutefois sa position spéciale dans la guerre, sa qualité de victime, ont fait que ses dépenses ont été infiniment moindres, tout compte tenu de son importance numérique, que celles des grands États ses alliés.

Si elle continue à être bien gouvernée, la Belgique pourra être encore un des pays les plus heureux du monde. Sa rente 3 o/o, les rentes

nouvelles qu'elle pourra émettre, seront de bons
placements. Il faudra seulement se souvenir que,
dans le cas d'une guerre nouvelle, la Belgique ne
serait plus un État neutre, mais un belligérant
comme un autre, exposé aux mêmes risques qu'un
autre. En se délivrant des périls de la neutralité,
elle en a perdu aussi les bénéfices, c'est-à-dire la
garantie des puissances.

Après avoir eu un passé agité, la *rente italienne*
avait fini par prendre rang parmi les meilleures
valeurs. L'Italien s'adonne à l'épargne. Profondément méfiant, l'Italien n'achète que de la terre ou
le fonds d'État national. D'où la bonne tenue de
ce titre qui, jadis placé par larges tranches au
dehors, avait fini par être en grande partie rapa-
trié.

La guerre a laissé les finances italiennes dans
une situation obscure et les dirigeants ne dissimulent pas leurs alarmes. Le change défavorable que
l'Italie a subi pendant la guerre est à lui seul un
sérieux symptôme. Pourtant l'Italie a fait une
guerre heureuse et, à bien des égards, une guerre
moins dispendieuse que nous. S'il ne lui survient
rien de fâcheux à l'intérieur, ses finances pourront
se relever, grâce à sa population croissante. Quant
à l'extérieur, la diplomatie italienne, malgré son
habileté, saura-t-elle conjurer tous les orages
amassés sur l'Adriatique? C'est une question.
Un autre risque à courir, c'est le sans-gêne
avec lequel l'État italien a coutume de traiter ses

créanciers et même les entreprises privées : le rachat léonin des assurances en est un exemple. Nulle part le fameux « fait du prince » n'est plus en honneur, et nulle part l'État souverain ne se sent plus libre à l'égard de ses engagements. L'Italie opère, avec la plus grande désinvolture, des conversions forcées, qui ne sont que des réductions de dettes par le moyen de l'impôt. Le bénéfice du Trésor public est une considération qui prime tout, même le respect des contrats. La « garantie » de l'État italien, qui ne se pique pas, lui, d'être « honnête homme », est donc, à cet égard, sujette à caution : les porteurs de rente convertie et les obligataires français d'un certain *chemin de fer de Toscane*, pour ne pas prendre d'autres exemples, en savent quelque chose.

Pour ces diverses raisons, nous croyons devoir conseiller aux capitalistes de ne s'intéresser que modérément aux fonds italiens, et, s'ils s'y intéressent, de ne pas s'y éterniser.

***

Parmi les puissances orientales qui ont pris part à la guerre, la *Russie* touche douloureusement le capital français. La déception russe, c'est vingt-cinq ans de notre histoire politique et financière. La cessation de paiements de la Russie s'ajoute à la faillite de l'alliance et elle atteint des centaines de milliers d'épargnants français qui avaient fait confiance à l'allié de leur pays.

En 1905, pendant la première révolution russe, la révolution manquée, nous avons entendu dire à M. Henri Germain, le célèbre directeur du Crédit Lyonnais : « Si la Russie devient libérale, oh! alors, elle est perdue. » La Russie n'est pas seulement devenue libérale : elle ne l'est restée que quelques semaines pour devenir socialiste et tomber dans l'anarchie. Avec le tsarisme, ce qui a disparu, en réalité, c'est le seul gouvernement européen et s'inspirant d'idées européennes qu'ait eu la Russie. Depuis la chute de ce régime, on a pu voir la vérité du mot : « Il n'y a pas de Russie d'Europe. » Le bolchevisme n'est qu'une forme de barbarie asiatique.

La Russie sera-t-elle libérée ou se libérera-t-elle du bolchevisme? C'est possible. Dans ce cas, quelle sorte de gouvernement aura-t-elle? Et si ce gouvernement reconnaissait les dettes de l'ancien régime, serait-il en mesure d'en reprendre le service? Serait-il capable, pour commencer, de rétablir territorialement la Russie telle qu'elle était du temps des tsars, la Pologne et la Finlande, qui ont reconquis leur indépendance, exceptées? Serait-il capable de reconstituer économiquement la Russie pour faire face aux engagements nationaux?

Il suffit de poser ces questions pour se rendre compte que, dans l'hypothèse la plus favorable, la reprise du service normal de la Dette russe ne peut pas être envisagée avant longtemps, si jamais elle doit avoir lieu. Il semble que les possesseurs de fonds russes doivent en tout cas s'armer d'une longue patience.

L'immense faute qu'on a commise en France a été de méconnaître la fragilité politique de la Russie. A l'appel des sociétés de crédit, uniquement soucieuses de toucher leurs commissions, le public français souscrivait aux emprunts russes comme à des valeurs de tout repos. Des personnes prudentes et renommées pour leur sagacité, comme M. Paul Leroy-Beaulieu, se croyaient très modérées en conseillant de ne pas placer plus de 10 p. 100 d'une fortune en fonds russes. L'événement a prouvé que cette proportion était encore trop forte.

Et pourtant, le crédit de la Russie n'était pas mauvais. Depuis 1822, date de son premier emprunt extérieur, elle avait toujours fait face à ses engagements. Surtout ses possibilités de développement économique étaient énormes. Aujourd'hui encore, malgré les ruines accumulées par la Révolution, la Russie banqueroutière est dans cette situation paradoxale que ses richesses naturelles représentent infiniment plus que le total de ses dettes. Elle est même à cet égard dans une situation privilégiée par rapport aux autres grands pays européens accablés par leurs dépenses de guerre. Paisible et bien administrée, l'Ukraine, à elle seule, pourrait payer les créanciers de la Russie.

Seulement ces richesses latentes ne sont pas exploitées et ne pourront l'être que quand l'ordre

politique aura reparu et aura duré. Or, il est plus
que douteux que l'ordre se rétablisse aisément
dans toutes ces régions de l'Europe orientale. S'il
revient un jour, les porteurs de fonds russes
auront entre les mains un papier qui ne sera pas
dénué de valeur. Il se peut que l'on voie, à cet
égard, des renversements de situation bizarres et
tel pourra être en faillite quand la Russie donnerait quelque dédommagement à ses créanciers. Il
serait téméraire d'en dire davantage et d'exciter
des espérances peut-être injustifiées.

Puisse seulement la leçon russe avoir enseigné
aux capitalistes français la méfiance.

Les emprunts *finlandais* méritent une mention
spéciale. Avant la guerre, ils étaient garantis par
la Russie. Mais la Finlande avait de bien meilleures finances que l'État russe. Avec la Prusse et
la Suède, la Finlande était le seul État européen
qui pût mettre en face de sa dette un actif réel,
grâce surtout à ses vastes domaines forestiers.
Depuis la révolution russe et la proclamation de
son indépendance, la Finlande a négligé de payer
ses créanciers. Ce ne sont pas les scrupules qui
étouffent les peuples libérés et les nationalités
nouvelles. Plus tard, si la Finlande fait honneur
à sa signature, si sa situation politique s'éclaircit
et si elle n'a plus à craindre le voisinage du bolchevisme, les emprunts finlandais pourront, dans
une certaine mesure, mériter l'attention.

***

Les fonds *roumains* ont subi une éclipse qui sera probablement passagère. La Roumanie a dû suspendre ses paiements en 1918 lorsque, trahie par la révolution russe, elle a été contrainte de s'incliner devant l'Allemagne et de signer la paix de Bucarest. Sa bonne foi et sa bonne volonté à l'égard de ses créanciers sont hors de question.

Avant la guerre, la situation financière de la Roumanie était très saine. Ses richesses agricoles et pétrolières lui assuraient des revenus abondants. Ses emprunts étaient d'excellentes valeurs qui méritaient d'être acquises par les personnes les plus timorées.

Il convient d'être plus réservé aujourd'hui. Après de dures épreuves, la Roumanie a vu la guerre tourner en sa faveur. Par la réunion de la Bessarabie et de la Transylvanie, son territoire et sa population seront plus que doublés. Elle possède, avec sa monarchie, un gouvernement sérieux et qui paraît stable. Son avenir serait donc séduisant et ses emprunts mériteraient confiance si elle n'appartenait à cette Europe orientale qui est menacée pour longtemps de convulsions. La Roumanie est terriblement isolée. C'est un îlot de civilisation au milieu de la barbarie. Elle aura de la peine à se défendre contre les révolutions sociales et nationales déchaînées autour d'elle. Tant que l'ordre n'aura pas été rétabli en Russie, la sécurité intérieure et extérieure manquera à l'État roumain.

Pour cette raison il est donc fort chanceux d'acquérir en ce moment des fonds de cet État. C'est une spéculation pure. Toutefois, du jour où il apparaîtrait d'une façon certaine que l'Europe orientale s'apaise et retourne à l'ordre et à la tranquillité, les fonds roumains deviendraient séduisants. Nous engageons les capitalistes à surveiller cette éventualité.

**

Le coupon des rentes *serbes* a été payé régulièrement pendant la guerre, grâce aux avances des Alliés. Quoique ruinée, la Serbie a une population paysanne énergique et travailleuse, qui pourrait réparer les désastres de la guerre. Ce pays est malheureusement engagé dans une politique qui n'est pas de tout repos. Il est exposé à toutes les secousses et à toutes les explosions balkaniques qui ne sont pas près de prendre fin et qu'aggravent les problèmes surgis de la décomposition de l'Autriche. L'union de la Serbie avec les Yougo-Slaves détachés de l'Empire austro-hongrois préparerait de nouvelles agitations et de nouveaux conflits. Nous conseillons l'abstention tant pour les emprunts anciens de la Serbie que pour ceux qu'elle pourrait lancer au nom de la Yougo-Slavie ou royaume des Serbes, Croates et Slovènes. Si ce royaume unitaire arrive à se constituer, il annonce trop d'ambitions, il inquiète trop ses voisins (et en premier lieu l'Italie) pour avoir une existence tranquille. Si l'unité ne se fait pas, la Serbie, saignée à blanc par la guerre, sera faible et retrouvera ses ennemis d'hier, l'Allemand, le Hongrois, le Bulgare, sans en compter peut-être d'autres. De longtemps, ce coin de l'Europe ne sera pas un refuge pour les capitaux.

* *

La *Grèce* a été un allié de la dernière heure qui a vécu d'ailleurs des subsides et des allocations fournis par les Alliés. L'habile politique de M. Venizelos n'a pas amélioré ses finances. Et puis, M. Venizelos n'est pas éternel et qui sait, après lui, ce que deviendra la Grèce? Deux emprunts helléniques seulement sont recommandables, c'est le 2 1/2 et le 4 p. 100 gagés sur des recettes d'État et des monopoles, le 2 1/2 surtout dont la gestion est confiée à des représentants des grandes puissances sur le modèle de l'administration de la Dette ottomane. Les emprunts futurs de la Grèce qui n'auraient pas de garanties du même ordre seront à écarter purement et simplement.

Quant au *Portugal*, dont l'histoire financière est peu brillante, l'instabilité politique de ce pays conseille l'abstention complète.

*
* *

« Le *Japon* occupe au point de vue économique la position d'un vainqueur. » Ce mot d'un journal japonais, écrit au lendemain de l'armistice du 11 novembre 1918, est vrai. Pendant toute la durée de la guerre, le Japon s'est préoccupé de limiter sa mise et il y a réussi. Sa situation monétaire est brillante. Il est soucieux de la conserver et de la développer. On pouvait craindre autrefois qu'il ne se laissât entraîner à une politique impérialiste. La prospérité l'a calmé. Il a vu aussi les États-Unis, jusqu'ici dépourvus d'armée, se donner une force militaire, ce qui a pu lui inspirer de nouvelles réflexions. Toutefois la politique de l'Extrême-Orient réserve sans doute bien des surprises. A l'intérieur, il ne semble pas que de gros accidents soient à craindre et la discipline nationale du Japon reste forte. Mais il ne faut pas oublier que sa structure économique et financière est récente et fragile. Le pays est lointain et, somme toute, mal connu et mystérieux. On fera bien de ne s'engager dans ses fonds que pour des sommes limitées.

La surveillance des grandes puissances européennes est la seule garantie des emprunts *chinois*.

Cette surveillance s'exercera-t-elle toujours avec la même efficacité? Déjà la caution de la Russie n'existe plus. Quant à l'état des finances chinoises, il est déplorable. Sans doute la Chine évo-

luant pacifiquement deviendrait une force économique de premier ordre. Ses ressources sont
immenses. On doit seulement se demander si,
prenant conscience d'elle-même, elle ne sera pas
sujette à de dangereuses explosions révolution-
naires et nationalistes. Le continent asiatique
inquiète déjà les esprits avisés de l'Europe. Il est
probable qu'il s'agitera beaucoup au cours de ce
siècle-ci. Cet énorme réservoir d'hommes commence à sortir de sa passivité. Tant que l'avenir
ne sera pas plus clair, la prudence, pour les capitalistes européens, sera de rigueur.

CHAPITRE VI

EMPRUNTS DES ÉTATS QUI ONT ÉTÉ EN GUERRE
AVEC LES ALLIÉS ET DES NOUVEAUX ÉTATS ISSUS
DE LA DÉCOMPOSITION DE L'AUTRICHE-HONGRIE

Les fonds allemands. — Fonds autrichiens et hongrois. — Conséquences de la dissolution de la monarchie austro-hongroise. — La distribution de la dette et les nouvelles nationalités. — Raisons de méfiance à l'égard des appels au crédit de la Pologne, de la Tchéco-Slovaquie et de la Yougo-Slavie. — Fonds bulgares. Fonds ottomans. — L'Europe centrale et orientale devra être évitée longtemps par les capitaux.

Ce chapitre sera nécessairement bref, car nous n'avons pas besoin de mettre le capital et l'épargne en garde contre les fonds des États vaincus qui auront à payer les frais de la guerre et qui sont ruinés pour longtemps.

Rares étaient les Français qui possédaient des rentes de l'Empire ou des États allemands, bien que, dans les années qui ont précédé la guerre, des démarcheurs et des banquiers eussent cherché à en écouler chez nous. Les personnes qui avaient succombé à la tentation auront été bien punies d'avoir jo é sur le tableau de l'ennemi. A l'avenir, personne ne sera tenté de recommencer.

Le cas est différent en ce qui concerne nos autres adversaires. L'Autriche-Hongrie, la Bulgarie, la Turquie ont trouvé du crédit en France avec l'autorisation du gouvernement, jusqu'à la veille des hostilités, ce qui prouve que le capitaliste doit se méfier de toutes les suggestions des établissements de crédit et même des recommandations officielles. L'Autriche-Hongrie était l'alliée de l'Allemagne, la Bulgarie suspecte, la Turquie peu sûre. Mais les établissements de crédit ne songeaient qu'aux commissions à encaisser. Quant au gouvernement, ou bien il s'aveuglait sur les dispositions de ces pays, ou bien il se servait de l'épargne française et la guidait vers des placements détestables dans l'idée d'amadouer des pays hostiles.

L'épargne française aura fait les frais de cette diplomatie aventureuse. C'est ainsi que, quelques mois avant la guerre, fut lancé en France un emprunt ottoman dont un seul coupon a été payé et qui a donné aux Jeunes Turcs les moyens de préparer la guerre. Peut-être, à Gallipoli, des soldats français, ayant souscrit, eux ou leurs parents, à cet emprunt, ont-ils été frappés des projectiles que leur propre argent avait payés. Quelle monstrueuse ironie !

Les fonds *autrichiens* et *hongrois* se trouvaient en quantités sérieuses dans les portefeuilles français avant la guerre. Il faut leur assimiler les *obligations des chemins de fer autrichiens*, chemins de fer rachetés et dont les titres étaient devenus des titres d'État. Le traité de paix stipule que les arrérages de ces emprunts devront être payés de préférence aux emprunts de guerre, ce qui est une certaine garantie pour les porteurs français. Toutefois la faillite menace l'Autriche et la Hongrie. On peut considérer que la Hongrie, pays agricole, est moins ruinée que l'Autriche bien que les nouvelles frontières qui lui sont imposées diminuent gravement ses ressources.

Cependant une autre question se pose. L'Empire austro-hongrois s'est dissous. L'Autriche et la Hongrie ont été amputées, diminuées dans leur population, dans leur territoire et dans leurs ressources au profit des nouveaux États qui sont nés de la chute de l'ancienne monarchie. L'Autriche et la Hongrie réduites à elles-mêmes seraient donc incapables de faire face à leurs engagements. Le traité a prévu avec raison que les États qui sont nés ou qui se sont agrandis aux dépens de l'Empire déchu devraient prendre leur part des dettes de la communauté, et nous ne nous intéressons, bien entendu, qu'aux dettes d'avant-guerre, les seules dont les titres soient possédés par des Français.

Il se trouvera donc que les porteurs de rente autrichienne seront créanciers à la fois de l'Autriche proprement dite, de la Yougo-Slavie, de la Pologne et de la Tchéco-Slovaquie. Les porteurs de rente hongroise seront créanciers de la Hongrie, de la Yougo-Slavie, de la Tchéco-Slovaquie et de la Roumanie. Comment, dans ces conditions, se fera le service de la Dette? Comment se fera la discrimination? Cela est bien obscur et doit laisser les intéressés perplexes.

Il est en outre à craindre que le crédit de ces nouveaux États, dépourvus d'administration et qui auront tout à créer chez eux, ne soit pas très solide. Ils auront besoin de faire preuve de sagesse et dans leur politique intérieure et dans leur politique extérieure. Malheureusement les symptômes, à l'heure actuelle, ne sont pas très favorables. En outre, la décomposition de l'Autriche a étendu à l'Europe centrale une situation qui ne ressemble que trop à la situation balkanique. Il y a de fortes raisons de craindre l'instabilité du nouvel ordre de choses. Ce que les jeunes nationalités qui viennent de prendre leur essor auraient de mieux à faire, ce serait de se fédérer entre elles. Cette solution équivaudrait à reconstituer l'ancienne Autriche. Si elle doit être admise, il serait bien étonnant que ce ne fût pas après des luttes et des convulsions qui en auraient démontré la nécessité après avoir singulièrement aggravé les dégâts.

Les trois nouveaux États polonais, tchèque et yougo-slave, étant considérés comme nos alliés, ne vont probablement pas tarder à faire appel au crédit international. Nous croyons devoir conseiller la plus grande réserve. Nous avons déjà dit plus haut ce que nous pensions de la Yougo-Slavie. Quelles que soient les sympathies qu'appellent les Tchéco-Slovaques et la Pologne, les Français n'ont plus le droit ni les moyens de faire de la finance sentimentale ni d'aventurer leurs capitaux. Il suffira d'observer que, pour le premier semestre de l'année 1919, la Pologne, sans dette, a déjà un déficit de deux milliards.

D'une manière générale, l'Europe centrale et orientale nous apparaît comme devant être pour longtemps évitée par les capitalistes. L'exemple de la Bulgarie peut servir de leçon. Voilà un pays qui a joui chez nous pendant de longues années d'une popularité inexplicable et qui nous a odieusement trompés. La France ne devra plus être la vache à lait des nationalités nouvelles.

Nous ne nous appesantirons pas sur les anciens *emprunts bulgares*. Le traité de paix donne à cet égard les garanties nécessaires et usuelles aux intérêts des porteurs. Les personnes qui ne sont pas engagées dans ces titres feront mieux de n'y pas entrer. Le pays est trop peu sûr.

Restent les *fonds ottomans*. Ce sont peut-être, de tous ceux des États qui ont été nos ennemis, les moins mal protégés. Le caractère international de l'espèce de protectorat qui est imposé à l'Empire turc, joint aux privilèges anciens attachés à quelques-unes des dettes ottomanes, font espérer que les porteurs ne seront pas dépouillés. Néanmoins, la plus grande incertitude plane sur l'avenir de la Turquie comme de tout l'Orient. Ces titres ne peuvent tenter les personnes qui, au goût du risque et de la spéculation, ne joignent pas une certaine connaissance des choses orientales.

Sans développer davantage ces divers points, nous concluons donc, avec le bon sens : on ne prête pas à l'ennemi, on ne prête pas aux vaincus. On ne prête pas non plus à de jeunes États qui n'ont pas encore fait la preuve de leur solvabilité.

CHAPITRE VII

EMPRUNTS DES ÉTATS NEUTRES

Les pays épargnés par la guerre se sont enrichis. — Leurs emprunts sont d'un moindre rapport que ceux des belligérants. — Est-ce le moment d'entrer dans ces valeurs? — Avantages qu'elles offrent encore temporairement. — Examen des six pays neutres d'Europe : Espagne, Suisse, Hollande, pays scandinaves. — Le Mexique et l'Amérique du Sud. — Nécessité d'une soigneuse discrimination.

Nous entrons ici dans le paradis des fonds d'États. Parmi les peuples qui se sont tenus prudemment à l'écart de la guerre, — nous rangeons dans cette catégorie les Républiques Sud-américaines qui se sont contentées de rompre avec l'Allemagne, — les uns se sont enrichis, les autres, du moins, ne se sont pas couverts de dettes comme les belligérants. Par comparaison, leur situation financière, qui n'était pas toujours de premier ordre, apparaît comme améliorée. Il y a là, pour certains d'entre eux, un trompe-l'œil. On aurait tort de croire que tous les pays qui se sont tenus dans la neutralité ont acquis, par cela même, une solvabilité à toute épreuve.

Les personnes qui avaient observé le principe de la distribution géographique des placements, lorsqu'elles étaient bien tombées, ont été récompensées de leur prudence pendant la guerre. Encore fallait-il bien tomber ou avoir été doué d'une prévoyance rare pour discerner les pays qui échapperaient à une tourmente dont ceux-mêmes qui l'annonçaient ne pouvaient soupçonner l'ampleur. Il y a donc eu plus de chance que de science dans la distribution des portefeuilles les plus judicieusement composés. Il suffit d'ailleurs de consulter les tableaux de placements donnés avant 1914 par les conseillers les plus qualifiés pour se rendre compte des erreurs que les plus sages peuvent commettre. Ce qui confirme notre principe essentiel, qu'il ne suffit pas, pour assurer les capitaux, de les répandre sur toute la surface du globe.

D'ailleurs, la roue tourne. Tel État qui vient d'échapper à la guerre et dont la situation paraît enviable subira demain à son tour quelque choc dont il est difficile pour le moment d'apercevoir les causes. Tel autre, au contraire, au sujet duquel les perspectives étaient sombres, semble rester à l'abri des orages. Il y reste jusqu'à ce que son tour arrive. La stabilité et la prospérité sont pour les États ce que la santé est pour l'homme le mieux portant : quelque chose de provisoire.

Essayons de raisonner en ce qui concerne les capitaux et leur besoin accru de sécurité. Les rentiers qui, dans le choix de leurs placements, se régleraient sur leur tempérament personnel en appliquant les données généralement admises autrefois, obéiraient à l'une ou à l'autre des deux tendances suivantes. Hardis, ils parieraient pour le relèvement des États qui ont souffert de la guerre, ils spéculeraient sur la hausse de leurs emprunts. Timorés, ils se réfugieraient dans les titres des États qui ne se sont pas endettés.

Le premier système a des précédents encourageants. L'histoire du xixᵉ siècle montre qu'en effet les grandes nations qui ont subi les plus dures épreuves, dont le crédit a paru à un moment donné le plus compromis ou a été le plus discuté, sont parvenues à rétablir leur situation. Elles ont récompensé les prêteurs qui ont eu confiance en elles. Tel a été le cas de l'Italie, dont la solidité financière, aux débuts difficiles de son unité, semblait plus qu'aléatoire. Tel a été aussi le cas de la France. Après 1815, et après 1871, son relèvement a justifié toutes les espérances de ceux qui avaient cru en elle. On cite des spéculateurs qui, à la suite de la première guerre franco-allemande, sont restés dix ans à la hausse sur nos fonds nationaux et dont l'enrichissement s'est fait tout seul à mesure que les forces économiques de la France se reconstituaient.

L'Espagne offre un phénomène du même genre. Les agitations de sa politique avaient longtemps détourné le public de ses emprunts. En 1898, sa guerre désastreuse avec les États-Unis avait failli la conduire à la banqueroute. Pourtant l'Espagne

a résisté et ceux qui avaient ponté sur elle au moment où elle était le plus bas ont gagné. Nous connaissons à ce sujet une anecdote symbolique.

Pendant la guerre hispano-américaine, la rente espagnole dite Extérieure, c'est-à-dire payable en or à Paris, était tombée aux environs de 30 francs. On parlait de suspendre les paiements ou, au moins, de les réduire et de recourir à une faillite partielle. Était-ce le moment d'acheter et de courir l'aventure? Les esprits craintifs disaient non. Les amateurs de risque disaient oui. Or, il y avait un ménage français où le mari était timide et la femme aventureuse. La femme conseillait d'acheter de l'Extérieure. Le mari refusait. L'occasion passa. Lentement d'abord, l'Extérieure se mit à remonter : l'Espagne tenait ses engagements. Tous les soirs, dans le journal, Madame lisait les cours. Elle les lisait à voix haute. Madame triomphait et Monsieur était humilié. Par sottise il avait manqué une fortune. Et l'histoire ajoute que, quand l'Extérieure fut au pair, le ménage divorça...

La question est de savoir si ces exemples de relèvement progressif et de guérison rapide sont encore applicables à la situation actuelle. En somme, l'expérience que nous avons du crédit des grands États, tel qu'il s'est constitué dans le monde contemporain, est une expérience étendue sur un temps très court par rapport à la longévité des nations. C'est tout au plus l'espace d'un siècle, beaucoup moins pour de nombreux pays.

On ne saurait tirer du fait que, de 1815 à 1914, aucun État important n'a fait faillite et que les pays éprouvés se sont tirés d'affaire, la conclusion que l'échafaudage financier des sociétés contemporaines est indestructible et que ce qui s'est passé au XIXᵉ siècle recommencera au XXᵉ.

Pas plus qu'il n'est certain que tous les belligérants se relèveront de leurs plaies, il n'est certain que les États restés neutres de 1914 à 1918 jouiront d'une prospérité éternelle, à l'abri des convulsions et des hasards. Leur bonheur ne doit donc pas faire illusion outre mesure. Le monde nouveau, tel qu'il est sorti de la paix, est trop instable pour qu'on puisse assurer que celui-ci ou celui-là seront toujours exempts des guerres et des révolutions.

Ainsi le rentier irait sans le savoir au devant de nouveaux risques s'il portait inconsidérément sa fortune chez les anciens « neutres ». Il faudra encore choisir entre eux et scruter leur fort et leur faible.

*
* *

L'*Espagne* a été merveilleusement favorisée par la guerre. L'or a afflué chez elle. Sa rente extérieure a largement dépassé le pair. Le change, phénomène inouï, lui est devenu favorable au point que le billet de banque français a perdu plus de 30 p. 100. Les porteurs de rente espagnole, qui semblaient avoir fait un placement aventureux,

se sont trouvés au contraire avoir fait une opération excellente.

Tous ces signes veulent-ils dire que l'Espagne
jouit d'une prospérité réelle et durable? C'est une
autre affaire. L'Espagne, à qui la guerre a apporté
une richesse imprévue, souffre d'un malaise politique et social mal défini qui inspire des inquiétudes
à tous les observateurs. Rien de net n'est encore
sorti de ce malaise, mais c'est un état qui ne se
prolongera peut-être pas éternellement. Au cas où
une révolution surviendrait, le précédent lamentable de la République espagnole de 1873 n'est pas
de nature à rassurer. Les personnes qui détien-
nent de la rente Extérieure en quantités modérées
peuvent conserver leurs titres. C'est un élément
de variété dans la composition d'un portefeuille.
En acheter à l'heure actuelle (23 p. 100 au-dessus
du pair en août 1919) semble bien aléatoire, vu
l'obscurité qui entoure l'avenir de la politique
espagnole. Par contre, si l'horizon s'éclaircissait, si
l'ordre se stabilisait et si un personnel rajeuni
venait administrer l'Espagne, ce pays, où il y a
encore tant à faire, serait des plus intéressant.

La *Suisse* n'a pas profité de la guerre. Elle en a
même souffert et elle y a beaucoup perdu. Elle a
dû accroître sa Dette pour couvrir les dépenses
que lui a causées une longue mobilisation, main-
tenue pendant toute la durée des hostilités. La
Suisse n'en est pas moins, par rapport à tous ses
voisins, dans une situation enviable, accusée par
un change qui ne cesse de lui être favorable.

Neutre au point de vue diplomatique et militaire, la Suisse qui, entourée de belligérants, a pu échapper à la guerre, semble avoir fait aussi l'épreuve de sa résistance à la révolution. Les tentatives de bolchevisme qui ont eu lieu à Zurich ont été réprimées et l'attitude de l'ensemble de la population, dont l'esprit est parfaitement sain, permet de penser que ces tentatives, si elles se renouvelaient, seraient vouées au même échec.

Les rentes suisses 3 et 3 1/2 cotées à Paris, ainsi que les emprunts des principaux cantons, offrent de sérieuses garanties. Leur rendement est médiocre étant donné le loyer courant de l'argent. Elles promettent du moins de la sécurité quant au capital, surtout pour les séries les plus anciennes amorties par tirage régulier, comme les chemins de fer fédéraux 3 1/2 1899-1902.

La *Hollande*, elle aussi, a miraculeusement échappé à la guerre. Ce sage pays aurait une apparence bien trompeuse s'il devait connaître des bouleversements intérieurs. Ses rentes ont le défaut d'être rares et chères.

Nous arrivons, en remontant vers le Nord, au groupe scandinave. Avec ces trois royaumes s'achève la liste des États européens restés neutres. Tous trois jouissent d'un excellent crédit. Leur politique intérieure et extérieure est paisible. Le *Danemark*, dont la prudence à l'égard de l'Allemagne a été remarquable, recouvre le Slesvig et par là accroît ses ressources. La *Norvège* a souffert de la guerre sous-marine. Mais sa flotte mar-

chande, quoique diminuée, lui a valu et lui vaudra
encore de beaux bénéfices. Sa situation financière
est bonne et l'épargne s'y développe d'une façon
constante.

La statistique officielle des Caisses d'épargne de
Norvège, pour l'année 1917 montre combien la
prospérité nationale a augmenté pendant les années
de guerre. L'ensemble des dépôts opérés dans les
caisses d'épargne de 65 villes et de 476 communes
de la campagne, a augmenté d'une manière inconnue jusqu'alors. Le capital déposé était en 1900
de 300 millions, en 1910 de 500 millions, en
1915 de plus de 720 millions, en 1916 il dépassait 950 millions, et en 1917 il atteignait presque
1.250 millions de couronnes. Pendant 7 ans, de
1910 à 1917 les dépôts ont donc augmenté d'environ 750 millions. Pour avoir une idée tout à fait
complète de cet accroissement de la prospérité
norvégienne, il faudrait aussi connaître le montant
des capitaux déposés dans les banques privées. Il
est probable, dans ces conditions, que les Norvégiens rachèteront et rapatrieront leurs emprunts
nationaux qui sont ainsi assurés d'une certaine
stabilité sur les marchés extérieurs.

Quant à la *Suède*, elle est, comme nous l'avons
déjà dit, un des rares États du monde qui possèdent un riche patrimoine productif, et son actif
(composé en particulier de célèbres mines de fer),
balance presque son passif.

C'est peut-être la Suède pourtant dont la politique
intérieure laisserait le plus à désirer et serait exposée

à des surprises et à des secousses, sa dynastie étant très discutée et combattue. Toutefois le bolchevisme a vainement essayé de s'introduire dans les pays scandinaves. En sorte que les fonds danois, norvégiens et suédois, les deux premiers surtout, lorsqu'il est possible de s'en procurer (car il est devenu assez rare, depuis quelque temps, que les porteurs s'en dessaisissent) peuvent être acquis, eux aussi, pour leur sécurité plus que pour leur rendement.

**

Parmi les États de l'Amérique centrale et de l'Amérique méridionale, quelques-uns, suivant le conseil donné par le président Wilson, avaient rompu avec l'Allemagne. Même parmi ceux-là, aucun n'a réellement participé à la guerre. On peut donc les considérer tous également comme étant restés dans la neutralité. Mais à d'autres égards, et pour apprécier leur crédit respectif, de profondes différences s'imposent.

Les Républiques de l'Amérique du Sud ont souvent mal récompensé la confiance que l'Europe mettait en elles. Le défaut des pays neufs et sans richesse acquise, c'est qu'ils sont voués pendant longtemps à l'instabilité économique, sujets à des crises. Ayant sans cesse besoin de capitaux étrangers pour mettre leurs richesses en valeurs ils sont exposés à la faillite dès que ces capitaux leur manquent. L'Europe ne devant plus être d'ici plusieurs années en état de les alimenter, ces

crises se reproduiront, à moins que les États-Unis
ne jouent le rôle de banquier. Enfin, parmi les
Républiques sud-américaines, plusieurs ne sont
pas encore sorties de l'ère des agitations politiques et de l'administration défectueuse. C'est ce
qui explique le long martyrologe des emprunts de
ces pays, entre lesquels il importe de distinguer
soigneusement.

Le *Mexique* est celui qui a valu à ses créanciers
la déception la plus cruelle. Pendant la longue et
bienfaisante dictature de Porfirio Diaz, le Mexique
s'était élevé à un degré de prospérité remarquable.
Il était entré dans la société des États les plus
civilisés. Il a suffi de la chute du dictateur pour
ruiner l'œuvre de Porfirio Diaz et, depuis, l'histoire du Mexique n'a plus été que celle d'un vaste
brigandage. Aucun coupon n'a plus été payé :
c'est le pendant du bolchevisme russe, et la France
a, là-bas, trois milliards en souffrance.

Après avoir laissé l'anarchie mexicaine se développer, si même ils ne l'ont pas vue d'un œil
favorable, les États-Unis semblent changer d'attitude. Sous leur influence, l'ordre pourra se
rétablir au Mexique. Il pourrait devenir intéressant, dans cette attente, d'acquérir quelques valeurs mexicaines (rentes 4 o/o, obligations des
chemins de fer fédéraux.) Toutefois il convien-
drait de n'en acquérir qu'avec modération. Le
Mexique ne retrouvera pas du jour au lendemain
son équilibre. Et si les États-Unis y rétablissent
l'ordre, il n'est pas certain que ce soit pour payer

tout de suite et intégralement l'arriéré dû aux porteurs européens.

Mêmes observations en ce qui concerne *Haïti*. La mainmise américaine sur ce pays, qui a suspendu ses paiements en 1915, ne paraît qu'une affaire de temps. Toutefois l'achat des trois séries de rentes haïtiennes cotées à la Bourse de Paris et qui ont atteint en 1919 des cours élevés reste dans une large mesure une opération spéculative car le service de la dette est toujours en souffrance.

Nous passons sur les petits États de l'Amérique centrale qui, presque tous, n'ont apporté que des déboires à leurs créanciers, pour en venir tout de suite à l'Amérique du Sud.

Le *Brésil*, avec ses immenses ressources et un gouvernement remarquablement abondant en hommes distingués, n'en est pas moins le type du pays sud-américain voué aux crises économiques parce qu'il dépend de ses récoltes. Le café, qui constitue sa principale exportation, est soumis à des variations brusques et considérables. D'où l'instabilité des budgets brésiliens. Ce n'est pas sans raison que ses créanciers avaient stipulé autrefois la création d'un emprunt privilégié, dit *Funding*, dont l'intérêt est servi avant celui de toutes les autres séries. Cette garantie se traduit par les cours toujours supérieurs du *Funding* ancien (il en a été émis un *nouveau* par la suite, ce qui constitue une sorte de supercherie à laquelle il importe de ne pas se laisser prendre). Pour tant faire que d'acheter du brésilien, il est préférable de se porter sur le *Funding* authentique

Le Brésil est un État fédéral dont les États particuliers, jouissant d'une large autonomie, sont loin d'avoir tous des finances excellentes. Ils sont aussi responsables de leurs propres dettes. L'expérience a prouvé que leurs emprunts étaient peu sûrs et il convient de s'en écarter.

L'*Uruguay*, qui s'adonne à l'élevage, a depuis un certain nombre d'années une existence calme et prospère. Après avoir fait banqueroute autrefois, il procure des satisfactions à ses bailleurs de fonds par un service ponctuel de sa dette, d'ailleurs proportionnée à sa population restreinte, bien que, pendant la guerre, il ait suspendu les amortissements promis à ses créanciers. Toutefois, sauf accident imprévu, son 3 1/2 et ses 5 p. 100 paraissent, à faible dose, recommandables pour un portefeuille abondant.

C'est principalement au blé que la *République argentine* doit sa richesse. Son budget dépend donc aussi de ses récoltes. Son passé financier n'est pas encourageant, car elle a fait une faillite en 1891 et une autre, partielle, en 1900. Mais, depuis, son crédit s'est relevé. Pour le moment, la somme de ses emprunts ne paraît pas excéder ses ressources normales [1]. On peut craindre seulement pour l'Argentine quelques troubles sociaux dont Buenos-Aires a déjà présenté les symptômes.

1. Même réserve que pour le Brésil en ce qui concerne les emprunts des États particuliers.

Il serait faux, en effet, de s'imaginer que le continent sud-américain fût à l'abri des bouleversements que connaît l'Europe, et même à l'abri de la guerre. Il n'y a pas encore si longtemps que le *Chili*, le *Pérou* et la *Bolivie* ont soutenu entre eux de longues luttes dont le souvenir n'est pas éteint et qui ont menacé récemment de se rallumer. Il est prudent de ne pas entrer dans les fonds de ces États, quoique l'ouverture du canal de Panama leur apporte beaucoup de promesses. D'ailleurs si un emprunt bolivien est coté à Paris (ne pas oublier que la Bolivie, semblable à son voisin le Paraguay, n'a pas accès à la mer) les valeurs péruviennes et chiliennes ne sont cotées qu'à Londres. Mieux vaut les y laisser.

Il en est de même pour l'*Équateur*, la *Colombie* et le *Venezuela*, qu'il s'agisse des emprunts existants ou futurs de ces pays agités et dont les finances sont informes ou précaires.

CHAPITRE VIII

UN ÉLÉMENT DES FORTUNES FRANÇAISES EN DANGER
LES ACTIONS DE CHEMINS DE FER

Illusion du public quant à la prospérité des compagnies. — Elles
sont écrasées par leurs charges financières, fiscales et sociales. —
Elles n'ont pas la liberté de leurs tarifs et le terme des concessions approche. — L'actionnaire garde tous les risques et ne
touche qu'une faible part des bénéfices, quand il y en a. —
Situation et avenir des six grandes compagnies françaises. — Le
rachat est un soulagement et un bienfait : exemple de l'Ouest.
— Cas des chemins de fer algériens. — Les rachats futurs
seront-ils aussi avantageux?

L'exemple des actions de chemins de fer illustre
d'une manière éclatante — et douloureuse pour
les porteurs de ces vénérables titres de « pères de
famille » — tous nos précédents exposés sur le
processus d'après lequel les détenteurs de la
« fortune acquise » risquent de se voir dépouillés
légalement, normalement et morceau par morceau, à la manière dont les artichauts sont
effeuillés.

Les actions des chemins de fer français — nous
parlerons plus loin des actions des chemins de fer

étrangers — ont joui pendant de longues années
d'une vogue exceptionnelle, avant et après les
célèbres conventions de 1883. Elles ont longtemps figuré, elles figurent même encore à la
place d'honneur dans le portefeuille des rentiers
les plus timorés. Il faut croire que ces rentiers
n'ont jamais lu ni le cahier des charges ni le bilan
des compagnies, sinon la capitalisation de faveur,
la capitalisation déconcertante de ces titres ne
s'expliquerait pas. Il est tout à fait extraordinaire,
par exemple, de constater qu'en 1900, année de
l'Exposition universelle, les actions de nos grandes
compagnie de chemins de fer s'étaient capitalisées
exactement au même taux que leurs obligations.
C'est-à-dire qu'en réalisant son bénéfice sur ses
actions Nord, Lyon, Orléans ou autres, et en
acquérant, en échange, des obligations de ces
mêmes compagnies, un capitaliste prévoyant et
calculateur, sans diminuer le moins du monde son
revenu, sans changer la nature de son placement,
eût stabilisé une large part de sa fortune. Cette
équivalence entre les actions et les obligations avait
duré en effet assez longtemps pour suggérer et
pour permettre l'exécution du plus indiqué, du
plus judicieux des arbitrages. Pour ceux — et ils
sont légion — qui ne s'y sont pas résolus au bon
moment, la plus-value des actions de chemins de
fer sera restée fictive et théorique, car les cours
fabuleux qui étaient cotés aux environs de l'année 1900 sont loin et ne reparaîtront jamais.

Il est incroyable, mais vrai, que des milliers

d'actionnaires des chemins de fer français, composés en immense majorité de pères de famille prudents, économes, et disposés à se prendre pour de vigilants administrateurs de leur bien, auront négligé de profiter d'un mouvement spéculatif pour convertir en obligations leurs actions de chemins de fer, alors que cette opération si simple eût consolidé leur situation d'une manière inespérée. Le mot d'ineptie n'est pas trop fort pour caractériser une pareille indifférence, une insensibilité aussi complète à l'intérêt le plus évident.

En effet, depuis cette occasion perdue, — chance suprême mise par la spéculation à la portée des classes moyennes, — les cours des actions de chemins de fer, à force de se déprécier, ont fait subir au portefeuille de leurs détenteurs des pertes telles, que seules, des valeurs de troisième ordre étaient réputées jadis pouvoir offrir à la baisse un champ aussi considérable. Songez en effet que les actions du célèbre réseau Paris-Lyon-Méditerranée, après avoir valu près de 2000 francs en 1900, n'en valaient plus que 1200 environ en juillet 1914, soit une chute de 40 p. 100 ! Or, dans le même temps, les cours des obligations de la même Compagnie n'avaient guère baissé que de 15 p. 100, étant revenues de 485 francs à 410. Pendant la guerre, le cours moyen de l'action est tombé aux environs de 700 francs tandis que l'obligation a rarement fléchi, et de peu, au-dessous de 320. Encore ces obligations ont-elles la promesse d'un remboursement au pair dans un délai qui peut être rapproché par une chance heureuse aux tirages annuels. On voit ainsi, par un nouvel exemple, l'avantage que l'on trouve à placer son capital à l'abri des fluctuations et des aventures en cherchant un refuge dans les valeurs à revenu fixe, soutenues par un amortissement régulier, sans attendre, pour prendre cette résolution salutaire, que les crises soient survenues.

Mais, en 1900, selon l'illusion régnante et à peu près universelle, le loyer de l'argent ne pouvait manquer de s'abaisser d'une façon régulière. Les économistes, les financiers, le public, les savants et les ignorants, tout le monde était convaincu que le taux de l'intérêt devait continuer à décroître et ne manquerait pas de s'établir à 2 1/2, sinon même à 2 o/o. La ville de Paris, vers cette époque, n'avait-elle pas émis, en effet, un emprunt de ce dernier type[1]? On s'imaginait donc que celles des compagnies de chemins de fer qui se sont réservé la faculté de rembourser leur dette par anticipation (ce sont les Compagnies de Lyon et d'Orléans), ne tarderaient pas à procéder à la conversion en 2 1/2 ou 2 3/4 de leurs obligations 3 p. 100. On s'imaginait aussi que le cours des obligations des autres compagnies, les obligations inconvertibles, devant se fixer à tout jamais au-

1. Dans les dernières années du xixᵉ siècle, les compagnies de chemins de fer pouvaient émettre, elles aussi, des obligations du type 2 1/2. Depuis 1910, elles ont dû se résoudre à revenir au type 4 p. 100. Les voici présentement à 5.

dessus du pair, le porteur serait par conséquent exposé à subir une perte chaque fois que, par le jeu de l'amortissement, ces obligations seraient remboursées à 500 francs. C'est justement le contraire qui s'est produit.

Pendant ce temps, on pensait que les actions de chemins de fer offraient de vastes espérances de plus-value et d'augmentation de bénéfices. On se reposait d'une part sur la garantie de l'État; on se leurrait de l'autre sur la possibilité d'accroître les dividendes. Ce faux calcul, dont l'excuse est qu'il partait d'une erreur et d'une illusion presque générales, aura coûté cher aux personnes qui seront restées fidèles à ces titres, pour la seule raison qu'ils possédaient l'estime de la bourgeoisie française et parce qu'on se souvenait qu'ils avaient enrichi la première génération de leurs détenteurs. En sorte qu'on ne prenait même plus la peine de les étudier, tant leur bonne réputation les rendait supérieurs à toute analyse et à tout examen.

**

Cependant, il n'eût pas été difficile, moyennant un peu d'attention, au capitaliste le moins familier avec la comptabilité complexe des Sociétés par actions, de découvrir les graves faiblesses des compagnies de chemins de fer.

La première de ces faiblesses, il n'est même pas exagéré de dire la première de ces tares, avait été signalée à l'attention du public, il n'y a pas moins de soixante ans, par le célèbre *Manuel du spéculateur à la Bourse*, ouvrage de Proudhon, ce singulier génie, fait à la fois de clartés et de nuages.

En 1855, c'est-à-dire aux origines de la constitution des six grands réseaux et du régime sous lequel se trouvent encore les compagnies, Proudhon remarquait déjà que le caractère principal de la gestion des chemins de fer français était de vivre d'emprunts et de couvrir non seulement les travaux neufs, mais encore le renouvellement de la voie et le renouvellement du matériel roulant, au moyen de continuelles émissions d'obligations. Le principe n'a pas changé depuis le temps où Proudhon faisait cette remarque. Les emprunts à jet continu n'ont pas cessé d'être la méthode d'administration des compagnies de chemins de fer, qui n'achètent pas une locomotive sans contracter une dette nouvelle et qui ne mettent pas un fourgon au rebut sans garder la charge de l'intérêt et de l'amortissement du capital emprunté pour l'acquisition de cet objet de première nécessité.

Un industriel ordinaire, une société quelconque qui emploieraient de pareils procédés iraient droit à la ruine et seraient jugés avec la dernière sévérité. Mais, pour la bourgeoisie française, les compagnies de chemins de fer sont au-dessus de la critique. Leurs actions bénéficient d'une vieille renommée. Le portefeuille des pères de famille en est rempli... Telle est, jusque dans les affaires d'intérêt, la force de l'habitude et la puissance de la tradition.

Deux exemples vont tout de suite fixer les idées du lecteur sur la gestion financière des grandes compagnies et les alarmes que les capitalistes prévoyants doivent en concevoir.

Voici la plus prospère de toutes les compagnies, celle à qui s'attachent le nom, l'autorité, le prestige financier des Rothschild : la puissante Compagnie du Nord. Nous ne parlons même pas de sa situation financière présente ni des pertes terribles que la guerre lui a fait subir par la destruction d'une si large partie de son réseau. Mais, pour l'exercice 1913, comme pour les exercices précédents, les chemins de fer du Nord avaient eu recours au crédit public et ne lui avaient pas demandé moins de 87 880 000 francs, somme qui correspondait alors à une charge annuelle supplémentaire d'environ 4 400 000 francs jusqu'à la fin de la concession. D'avance, le Nord avait donc engagé pour 4 400 000 francs ses recettes supplémentaires à venir. Que sera-ce pour les emprunts que nécessite la guerre !

Cependant, pour le même exercice 1913, le bénéfice distribuable de la Compagnie (y compris celui des lignes nord-belges) n'avait atteint que 30 millions en chiffres ronds. C'est-à-dire que, si les chemins de fer étaient une industrie comme une autre, les bénéfices réalisés par le Nord en 1913 n'auraient pas suffi à ses besoins normaux.

Le cas est le même pour le réseau de l'Est. Ce réseau s'était fait remarquer dans les années qui ont précédé la guerre par l'augmentation considérable de recettes que le développement industriel de la région qu'il dessert (et en particulier l'essor du bassin de Briey), lui avait permis de réaliser. Les recettes de l'Est s'étaient accrues de plus de 100 millions depuis le commencement du siècle. Aussi la Compagnie avait-elle pu rembourser à l'État, tranche par tranche, toute la dette constituée durant les années mauvaises au titre de la garantie d'intérêt. Enfin, en 1914, année suprême, la Compagnie avait pu relever son dividende, très modestement, il est vrai, et de la très pauvre somme de 2 francs : mais les actionnaires, depuis longtemps, n'avaient reçu pareille aubaine et s'étaient estimés heureux. S'ils y avaient regardé de près ils auraient vu combien cette pièce de 2 francs elle-même était précaire !

L'exercice 1913 avait marqué pour la Compagnie de l'Est l'ère de ce qu'on appelle la « liberté des dividendes ». Nous verrons à un autre endroit les étroites limites de cette liberté. Pour le moment, ce qu'il importe de remarquer, c'est que, dans une année considérée comme une année prospère, l'Est avait dû, pour satisfaire aux besoins de son réseau, emprunter une somme de 80 millions en chiffres ronds, correspondant à une annuité d'environ 4 millions et demi, pour le service des intérêts et de l'amortissement. L'année précédente, l'appel au crédit et la charge corrélative avaient

été presque exactement pareils. Il n'y avait donc
pas de raison pour que, au cours des années
suivantes, et en admettant même que la guerre ne
fût pas survenue, la nécessité de recourir à l'emprunt ne fût pas demeurée la même : le rapport
l'annonçait d'ailleurs en toutes lettres. Et comment, en vérité, la Compagnie des chemins de fer
de l'Est eût-elle suffi à 80 millions de dépenses
obligatoires avec un bénéfice net de 25 millions
environ? Même en supprimant et le dividende
réservé et le modeste dividende supplémentaire de 2 francs, elle fût restée bien loin de
compte !

L'emprunt et toujours l'emprunt : voilà donc la
loi vitale des chemins de fer français. C'est pourquoi l'on conçoit sans peine les alarmes qui assiè-
gent les administrateurs des compagnies de chemins de fer et qui sont exprimées chaque année
par eux, sous une forme plus ou moins sibylline,
aux Assemblées générales. A mesure que la durée
de la concession s'abrège et se rapproche de son
terme (il ne reste plus que trente-cinq ans à courir
pour le Nord), la dette s'enfle et le service, aggravé
par les droits de timbre grandissants, en devient
plus onéreux et plus lourd. Ainsi, la Compagnie
de l'Est, en dix années, avait vu, pour les « dépenses
de premier établissement », son passif s'accroître
d'un demi-milliard, en dépit des amortissements
régulièrement pratiqués sur les obligations antérieurement émises. Où, quand et comment s'arrê-
tera cet endettement prodigieux que la guerre

aura aggravé dans des proportions incalculables ?
On dira que les compagnies continuent, conformément aux engagements qu'elles ont pris, à
amortir leurs emprunts antérieurs. Mais il y a
longtemps qu'elles empruntent beaucoup plus
qu'elles ne remboursent et leur dette ne diminue
jamais. Si l'Est, par exemple, avait remboursé
pour 23 millions de francs d'obligations anciennes
en 1913, il en avait émis pour 80 millions de
francs de nouvelles. De plus, les annuités libérées
par les remboursements, sont destinées, comme
on le sait, à accroître la masse réservée aux amortissements annuels, suivant les tables d'amortissement. On voit donc que la dette nouvelle de
80 millions contractée dans l'année 1914 est
restée tout entière, intérêts et principal, comme
les dettes précédentes, à la charge de la Compagnie, puisque la somme affectée au paiement des
arrérages sur les obligations remboursées et annu-
lées, doit servir à rembourser et à annuler une
plus grande quantité des obligations restantes, et
ainsi de suite, de manière à assurer le remboursement intégral de tous les emprunts avant la fin
de la concession.

Il apparaît ainsi que l'industrie des chemins de
fer, en France, est une industrie d'un genre tout
à fait spécial, et qui ressemble fort à celle des
Danaïdes condamnées à remplir un tonneau sans
fond. D'une part les compagnies ont et doivent
avoir continuellement recours à l'emprunt et leur
dette obligataire ne cesse de s'enfler. D'autre part,

elles n'exploitent qu'à titre de concessionnaires
des réseaux qui, au terme de la concession, doivent revenir gratuitement à l'État. La concession,
c'est la fameuse « peau de chagrin » de Balzac.
Elle se rétrécit chaque année. Pendant ce temps la
dette s'enfle et, quel que soit le génie d'économie
qu'on y pourra mettre, elle ne peut manquer de
s'enfler encore, sous peine, pour les travaux d'art
et les voies, de tomber en ruines, pour le matériel de se délabrer.

Au point de vue strictement financier, et par
les lois mêmes de leurs contrats, les compagnies
de chemins de fer sont donc placées dans une situation on ne peut plus alarmante pour l'avenir.

Il est question, il est vrai, depuis quelque
temps, de les aider à sortir de ces soucis qui pourraient devenir bientôt des embarras et qui sont un
principe de ruine. Divers projets ont été agités.
L'État autoriserait les compagnies à émettre des
obligations remboursables en cinquante années
(comme le sont déjà les obligations de l'Ouest-
État), c'est-à-dire après l'expiration des concessions. Il est assez probable qu'il faudra bien, tôt
ou tard, adopter ou cette solution-là ou une autre
du même genre, à moins qu'on ne désire voir
les compagnies succomber sous le fardeau¹. Mais

1. Le président du conseil d'administration de l'Est, à l'assemblée générale de 1914, a fait remarquer aux actionnaires que
leurs charges d'intérêt et d'amortissement qui ressortaient, en
1907, à 4,08 par obligation, ressortaient à 5,21 en 1913. D'autre
part, M. Félix Chautemps, député, dans son rapport sur les che-

le texte du cahier des charges est formel : les
réseaux doivent revenir à l'État en pleine et
entière propriété et libres de toute dette et engagement. Tout ce que l'Etat accorderait aux compagnies dans cet ordre d'idées serait donc géné-
rosité pure, et il y a peu de chances pour que,
l'État voulût-il être généreux, l'opinion et le Parlement le lui permissent. Il faudrait donc très
certainement que les actionnaires se résolussent
à payer par quelque nouveau sacrifice le soulagement qui leur serait accordé. Et pourtant, des
sacrifices, il ne leur reste plus le moyen d'en faire
beaucoup !

*
*

En effet, les compagnies de chemins de fer
auront été les premières et naturelles victimes des

mins de fer, calculait ainsi la progression de la charge imposée
le service d'un emprunt à 4 p. 100 :

Durée de l'amortissement	Taux d'intérêt et d'amortissement
50 ans	4,655 p. 100
45 ans	4,82 —
40 ans	5,052 —
35 ans	5,357 —
30 ans	5,783 —
25 ans	6,40 —
20 ans	7,358 —
15 ans	8,99 —
10 ans	12,33 —

7, 8, 12 p. 100 ! Et c'était des chiffres d'avant-guerre ! Aujour-
d'hui, il faudrait au moins les doubler. Ce serait l'écrasement pur
et simple du budget des Compagnies, l'impossibilité pour elles
d'entretenir les réseaux. Pour peu que l'État y mît de mauvaise
volonté, les Compagnies se verraient exposées à cette alternative : la
ruine ou la déchéance.

réglementations qui tendent à accroître la part du travail et à réduire celle du capital. Cette espèce de lente évaporation des capitaux, cette consomption des revenus et bénéfices divers dont nous avons montré plus haut la marche, ne pouvait manquer de s'exercer avec une rapidité et une gravité particulières sur une industrie qui occupe un personnel considérable, qui se trouve sous le contrôle direct de l'État et qui, en outre, est privée de la liberté de fixer ses tarifs. Ceux-ci, il est vrai, ont bien été relevés pendant la guerre ; mais, en contre-partie, les compagnies ont dû assumer des charges nouvelles et cette augmentation des tarifs ne suffit déjà plus. En d'autres termes, les compagnies sont ligotées, prisonnières. Aucune issue ne leur est offerte, sinon des procès dont la solution est lointaine et douteuse, quand elles se croient fondées à prétendre que l'intervention du législateur a été inique et abusive, ou même quand des pertes immenses leur ont été infligées par un cas de force majeure comme la guerre.

C'est ce qui s'était produit déjà pour le régime des retraites que le Parlement avait imposé aux compagnies en 1909 et 1911. Ce régime, chose très remarquable, était infiniment plus favorable aux travailleurs de la voie ferrée que celui des retraites ouvrières de droit commun dont l'État assure lui-même le service, et il y a là un symptôme à retenir. Il apparaît d'abord que l'État est disposé à se montrer plus exigeant pour les autres que pour lui-même. Et puis, au lieu d'être à l'uniformité,

l'avenir ne serait-il pas aux privilèges? Déjà il est
à remarquer que les ouvriers mineurs ont obtenu
des avantages particuliers, un traitement spécial,
qu'ils s'efforcent de développer et d'améliorer
encore. Le cas des cheminots est le même : c'est
l'image d'un socialisme pratique et sans doctrine,
où les travailleurs organisés se procurent, à l'aide
des Parlements, des conditions d'existence confor-
tables et durables à l'intérieur et sur les produits
de l'industrie même qui assure leur subsistance.
Il est probable que cette tendance, qui est celle de
l'incorporation du prolétariat à la profession, ira
en croissant et en se précisant. Les dividendes et
les intérêts du capital s'en ressentiront dans une
sérieuse mesure. Certaines branches de l'industrie,
qui ne sont pas encore atteintes par des règlemen-
tations de cette nature, le sentent si bien qu'elles
dissimulent de leur mieux leurs bénéfices pour que
l'intervention de l'État les épargne ou les ménage.
Tel est le cas, notamment, de la grande métallurgie française, si prospère depuis quelques années.
Nous serions surpris, si, un jour ou l'autre, la
grande métallurgie n'était pas frappée par le même
genre de contrainte que les charbonnages et les
compagnies de chemins de fer ont déjà subi, et
n'ont pas fini de subir.

Les Compagnies ont déclaré que leur bon droit
ne faisait pas de doute et que le Conseil d'État ne
manquerait pas de leur allouer une indemnité
pour le préjudice que les lois de 1909 et de 1911,
relatives à la Caisse des Retraites, leur ont porté.

C'était également, nous le savons, au moment du vote, l'avis de certains parlementaires qui, tout en ayant approuvé ces lois par nécessité politique et sociale, restaient imbus du vieux principe du respect qui est dû aux contrats. Assurément, si les Compagnies devaient obtenir gain de cause dans cette affaire, et dans toutes celles du même genre qui se sont succédé depuis, ce serait pour elles non seulement un dédommagement appréciable, mais encore un heureux précédent. Toutefois rien n'est plus douteux. L'ancienne notion de la sainteté et de l'inviolabilité des contrats, qui s'imposait jadis même à la puissance publique, s'obscurcit de jour en jour. Dans les Assemblées, le vieil esprit juridique de la bourgeoisie française s'affaiblit. La guerre a habitué les esprits à l'idée de la réquisition et le Trésor public a déjà tant de charges ! Quant au Conseil d'État, juge suprême des différends de cette nature, son indépendance est restée jusqu'ici au-dessus de tout soupçon. Mais qui oserait affirmer que les tribunaux administratifs eux-mêmes ne finiront pas par refléter et par exprimer les idées du gouvernement et de l'opinion publique, dont ils sont, en définitive, l'émanation ?

Les formidables augmentations de dépenses de toute sorte que les Compagnies ont dû subir du fait des hostilités rendent d'ailleurs leur situation financière tellement incertaine, que les administrateurs, au fond d'eux-mêmes, doivent se demander comment ils en sortiront. Il convient d'ailleurs de s'attendre à des aggravations progressives de leurs charges de toute nature, en particulier par les relèvements des salaires du personnel et l'accroissement constant de ce même personnel, qu'entraînent les améliorations et les adoucissements des conditions de travail.

Il serait donc sage et prudent d'envisager comme un fait accompli et à peu près définitif, une réduction considérable des bénéfices des chemins de fer français. Cette réduction, exprimée par ce qu'on appelle le coefficient d'exploitation, c'est-à-dire le rapport des dépenses aux recettes, suivait déjà depuis une dizaine d'années avant la guerre, une marche alarmante. C'est un phénomène, nous le verrons tout à l'heure, qui n'est pas particulier aux réseaux français. Mais il est peut-être plus grave pour les actionnaires de nos réseaux que pour les actionnaires des réseaux étrangers, en raison du régime spécial de nos chemins de fer et, en particulier du régime des concessions qui interdit de compter sur l'avenir. De 1950 à 1960, l'heure de la mort sonnera pour toutes les grandes compagnies. Les actionnaires qui n'auraient pas la curiosité de rechercher ce qui, à cette époque, leur adviendra à eux-mêmes ou à leurs héritiers, feraient preuve d'une impardonnable incurie.

Prenons l'exemple du Paris-Lyon-Méditerranée dont les recettes brutes étaient considérables avant 1914 et ne cessaient de s'accroître. Mais, quand on y regardait de plus près, on s'apercevait que, dans le même temps, les dépenses s'étaient parallèlement accrues, en sorte que, le coefficient d'exploitation ayant passé de 47 à 57 p. 100, le bénéfice net était resté stationnaire. La Compagnie encaisse et manie des sommes considérables (près de 600 millions en 1913). Son budget en était venu alors à approcher le budget de l'Etat belge ; il égalait, s'il ne le dépassait pas, celui de la République Argentine, et tout cela sans profit pour les actionnaires, dont le dividende actuel reste à la merci des événements, depuis surtout que la garantie d'intérêts (qui expirait pour le Nord et le Lyon en 1915) ne leur est plus assurée. Ce dividende réservé qui, pour le P.-L.-M., était de 55 francs, a été réduit à 40 francs pendant la guerre. Encore ce dividende est-il *entièrement fictif*. En 1919 il n'a pu être distribué que grâce à une émission d'obligations autorisée par l'État, le déficit total étant de 212 millions. Les actionnaires du P.-L.-M. en sont donc réduits à emprunter pour assurer le service de leur dette, et ils empruntent encore pour se voter à eux-mêmes un dividende ! Nous le répétons ; c'est un gouffre.

Ainsi la progression des recettes n'influence pas le revenu des actionnaires, qui reste immobile, quand il n'est pas menacé de diminution. Il ne faudrait pas trop compter à cet égard sur le renouveau d'activité et de prospérité qui suivra la guerre, car les prix du charbon et de toutes les matières resteront longtemps ruineux. En admettant même que les compagnies pansent leurs plaies,

il y a une raison majeure et trop souvent oubliée
(si elle n'est pas ignorée) pour que les bénéfices,
s'il en survenait par hasard de supplémentaires,
échappent aux actions. En effet, les cahiers des
charges stipulent que l'État est appelé au partage
des bénéfices dans la proportion des deux tiers, dès
que le dividende réservé se trouve dépassé. Pour
l'Est, par exemple, sur un excédent de revenu de
7 millions, on constate que l'État, en vertu des
récentes conventions, avait pris 4 700 000 francs
et qu'il n'est demeuré que 2 350 000 francs aux
porteurs d'actions (1914).

En d'autres termes, toutes les mauvaises chances
restent aux actionnaires. Quant aux chances favorables, elles sont considérablement réduites par le
fait que l'État s'est adjugé la part du lion.

Voilà la situation vraie et que les intéressés auront profit à méditer. Nous n'avons pas à examiner
dans ce livre le bien-fondé de ces clauses de partage et des droits que s'attribue l'État. Nous ren-
seignons les capitalistes, sans plus. Et il est bien
certain que, dans des conditions pareilles, les
actions de chemins de fer constituent des valeurs
industrielles singulièrement aléatoires et totalement dépourvues d'attrait. Il est singulier, nous
le répétons, qu'on ne le sache pas davantage.

Au surplus, il est impossible de dissimuler que
le personnel dirigeant des compagnies a pris une
lourde responsabilité vis-à-vis des actionnaires,
en acceptant et en leur faisant accepter les fameuses
conventions de 1883. Les actionnaires sentaient

bien alors que leur intérêt était de laisser l'État
racheter les compagnies, puisque l'État voulait
modifier les contrats existants et construire des
lignes nouvelles, dont l'improductivité était
d'avance certaine. Cette opinion très juste des
actionnaires s'était même exprimée nettement à
l'assemblée extraordinaire du P.-L.-M. du 24 décembre 1883, où un tiers des actionnaires présents
refusa de ratifier la convention : cette opposition
était grandement justifiée, puisque les dividendes
de 65, 70, 75 francs, distribués pour les exercices
précédents, ne devaient plus jamais reparaître.

A quels mobiles ont obéi les états-majors des
compagnies en acceptant et en faisant accepter les
conventions de 1883 ? C'est ce qu'il est difficile de
dire avec certitude. Ils invoquèrent alors le patriotisme, le devoir d'assister l'État dans l'œuvre de
réorganisation de la France ; et aussi « les véri-
tables principes économiques », les dangers de
« l'étatisation » et du socialisme d'État. Les « véri-
tables principes économiques » auront coûté cher
dans cette circonstance aux actionnaires, qu'ils
auront livrés sans défense aux entreprises du
socialisme par les interventions législatives que
nous avons exposées.

Il y avait certainement en 1883, parmi l'élite
qui compose les conseils des compagnies, des
théoriciens, des sociologues, des philosophes, qui
croyaient sincèrement aux principes. Mais il nous
paraît difficile de ne pas admettre qu'il y ait eu
aussi des professionnels des grandes affaires qui

auront calculé tout ce qu'ils perdraient, non pas
sans doute de profit, mais surtout d'influence et
de moyens d'action, en ne participant plus au
gouvernement de ces puissants organismes que
sont les compagnies de chemins de fer. Un incident est venu révéler au public, voilà quelques
années, que les capitaux considérables, les dizaines
de millions dont les conseils d'administration ont
le maniement et assurent l'emploi temporaire
entre les échéances, pouvaient être utilisés au gré
de certains administrateurs et servir à des opérations aventureuses et même illicites : nous voulons parler des traites Crosnier escomptées par la
Compagnie d'Orléans et qui furent découvertes
après la déconfiture retentissante et le suicide de
ce spéculateur. Un pareil abus, nous en sommes
persuadé, aura été tout à fait rare dans l'histoire
des compagnies de chemins de fer. Mais il y a là
une indication qu'il serait un peu naïf de négliger.
Oui, beaucoup de raisons font que l'administration
de nos grands réseaux est tentante pour des financiers et des hommes d'affaires. Il n'est pas douteux que si, en 1883, ces états-majors n'avaient
eu en vue que l'intérêt des actionnaires, ils eussent
laissé l'État recourir à la procédure de rachat. Et
s'ils ont fait un autre calcul, s'ils ont cru qu'il
serait plus avantageux pour les compagnies d'exploiter les réseaux sous le nouveau régime que de
se faire exproprier moyennant les indemnités prévues, eh bien ! l'expérience aura prouvé qu'au
moins pour la majorité d'entre elles, ces élites

d'hommes d'affaires et d'économistes s'étaient trompées.

* *

Nous résumerons tout ce qui précède en disant que les actions des chemins de fer français sont devenues des valeurs totalement dépourvues de perspectives d'avenir, sinon même des valeurs aléatoires et présentant plus de mauvaises chances que de favorables. Les profits industriels en sont rongés par les lois ouvrières, expression d'un inéluctable mouvement social. Toute hausse des matières premières, tout renchérissement de la main-d'œuvre les menacent directement, sans que les Compagnies puissent se dédommager par le relèvement des tarifs, que l'État n'autorise qu'à des conditions elles-mêmes onéreuses. Les charges financières et fiscales s'aggravent. L'expiration des concessions approche......

Qu'est-ce que l'actionnaire pourrait espérer de bon ?

Toutefois, la situation des six grandes Compagnies, Nord, Paris-Lyon, Est, Orléans, Midi et Ouest, offre aujourd'hui des différences considérables. Il importe de distinguer entre elles, tout compte tenu des observations générales que nous venons de présenter.

La Compagnie du Nord a été et serait encore la plus prospère de toutes si la guerre n'était venue frapper sur elle un coup terrible. Ses recettes kilométriques étaient de beaucoup les plus fortes, avec un réseau court, présentant très peu d'artères improductives, et qui traverse nos provinces les plus peuplées, les plus industrieuses, les plus riches, celles aussi qui, naturellement, ont tenté l'ennemi. Jamais le Nord, jadis, n'avait fait appel à la garantie d'intérêts. Cette garantie toutefois expirait le 1ᵉʳ janvier 1915 et, à partir de ce moment, l'action Nord n'était plus qu'une valeur industrielle comme une autre, particulièrement exposée, en raison de la nature de son trafic, à subir l'influence des crises économiques, ainsi que le rapport des administrateurs le fait observer presque tous les ans. Il était donc déjà possible que, durant les trente-cinq années de vie qui restaient à la société, les cascades des cours fussent nombreuses.

Le réseau Nord-Belge contribuait régulièrement, et dans une proportion de plus du tiers, à grossir le dividende. Si l'État Belge venait à manifester vis-à-vis de ce réseau privé les mêmes exigences que l'État français, — ce qui paraît assez probable d'après bien des symptômes, — cette source de revenus pourrait bien avoir à souffrir. La Belgique, elle aussi, fera une politique sociale intense et elle annonce déjà une « régie des chemins de fer ».

Quant au tunnel sous la Manche dont le percement est décidé en principe, tant par la France que par l'Angleterre, il apportera certainement au Nord un élément de bénéfices appréciable. Cependant il ne faudrait pas escompter cet élément trop

tôt, car on estime qu'en mettant les choses au
mieux, il s'écoulera peut-être une dizaine d'années
avant que le tunnel soit ouvert au trafic.

On calculait, toujours avant la guerre, qu'en
1950, à la fin de la concession, quand toutes les
actions auraient été remboursées à 400 francs (car
le pair des actions Nord, il ne faut pas l'oublier,
n'est que de 400 francs), la répartition de l'actif
disponible, (le matériel roulant évalué à dire
d'experts ayant été repris par l'État), laisserait une
somme à peu près égale à la valeur présente de
l'action de jouissance, qui était alors d'environ
1.300 francs. Inutile de dire que ce calcul ren-
fermait un grand nombre d'éléments douteux et
incontrôlables. Bien des choses pouvaient changer
et, avec l'invasion allemande et ses conséquences,
bien des choses ont changé en effet, bien des hypothèses ont été démenties, bien des équilibres ont
été rompus et d'autres le seront encore d'ici 1950,
époque à laquelle beaucoup d'hommes faits, aujour-
d'hui vivants, ont chance d'être encore de ce
monde, où les jeunes enfants de la génération la
plus récente atteindront la force de l'âge. Il y a là
un point d'interrogation qui doit se poser aux
pères de familles prévoyants.

Il serait donc tout à fait inexact et dangereux
de classer l'action Nord comme la seconde valeur
du monde, ainsi que l'avait fait le public français
dans un concours organisé, voilà une quinzaine
d'années, par un considérable organe financier. Ce
n'est peut-être même plus aujourd'hui la moins

mauvaise des actions de chemins de fer français.
On répète volontiers que, jusqu'ici, les personnes
qui l'ont achetée dans les périodes de très grande
dépression n'ont pas eu à s'en repentir : il est impossible que ces rebondissements, auxquels on se
fie, n'aient pas un terme.

*La Compagnie des Chemins de fer de Paris à
Lyon et à la Méditerranée,* comme celle du Nord,
doit désormais pourvoir à ses dividendes par ses
propres moyens, la garantie d'intérêt ayant expiré
le 1ᵉʳ janvier 1915, à moins qu'une nouvelle convention n'intervienne qui, on peut en être sûr, ne
fera pas un pont d'or aux actionnaires. Vu sur la
carte, le réseau est splendide, avec sa grande artère
principale à haut rendement. Il convient aussi de
tenir compte du retour à la France de l'Alsace-
Lorraine et peut-être de l'entrée de la rive gauche
du Rhin dans notre sphère d'influence économique.
Le Lyon pourra profiter de ce nouvel état de choses.

La grande faiblesse du P.-L.-M. est l'énormité
même de son réseau, qui s'accroît sans relâche.
C'est le géant des chemins de fer français et ses
proportions colossales ne donnent que plus de
prise à toutes les aggravations de dépenses et de
charges. Son personnel forme une armée. Et tel
relèvement de salaires, qui coûte quelques centaines de mille francs au Nord, s'élève pour lui,
d'un seul bond, à plusieurs millions. De toutes
les Compagnies, celle de Paris-Lyon doit être la
plus sensible à la double étreinte de la législation
ouvrière et de la législation fiscale.

En outre, les besoins d'argent du P.-L.-M. sont constants et gigantesques. On n'en aperçoit pas la fin, car les travaux neufs complémentaires à exécuter forment un programme immense. Tout relèvement du loyer de l'argent est donc particulièrement coûteux au P.-L.-M., dont les charges financières ne cessent de grandir et dont les obligations se placent à un cours déjà inférieur au cours des obligations des autres Compagnies, en raison de l'extinction de la garantie, de la plus longue durée de l'amortissement et de la largeur des tranches qui sont offertes au public.

Enfin, il ne faut pas oublier que le P.-L.-M. atteint très vite la limite du partage des bénéfices avec l'État. Il lui est même déjà arrivé de l'atteindre. La marge des bénéfices éventuels est donc très étroite, en sorte que les circonstances défavorables l'emportent de beaucoup sur les circonstances favorables et il ne faudrait guère compter sur celles-ci. Il serait même bien hardi de promettre aux actionnaires qu'ils reverront jamais l'ancien dividende réservé. Pour le moment, on ne peut dire qu'une chose de la situation financière du P.-L.-M., c'est qu'elle est tragique.

A l'expiration de la concession (décembre 1958), toutes les actions du Lyon ayant été remboursées à 500 francs et étant devenues des actions de jouissance, que reviendrait-il à chacune d'elles ? C'est ce qu'il serait bien aventureux de vouloir prédire. L'action de jouissance du P.-L.-M. est estimée aujourd'hui en Bourse valoir à peu près 350 francs.

Il est extrêmement douteux, pour ne pas dire plus, que ces 350 francs se retrouvent au 31 décembre 1958, dans les divers éléments d'actif qui appartiendraient en propre à la Compagnie au moment où elle devrait remettre tout son réseau à l'État.

En d'autres termes, si une « valeur de père de famille » ne doit comporter que la proportion d'aléas la plus faible possible, l'action Paris-Lyon-Méditerranée n'apparaît nullement comme ayant les caractères qui sont requis pour ces valeurs là.

La Compagnie des chemins de fer de l'Est a eu une histoire particulièrement intéressssante. La guerre de 1870 et le traité de Francfort avaient failli ruiner le chemin de fer de l'Est et l'avaient anémié longtemps par l'amputation de la magnifique partie alsacienne de son réseau. L'Est était même probablement condamné à végéter tristement jusqu'à la fin de ses jours, à l'époque où la revanche semblait chimérique, sans la mise en valeur du bassin de Briey, qu'on a pu appeler le Transvaal français, et qui a eu pour conséquence la transformation de toute une contrée, naguère agricole, en région de haute activité industrielle. Le retour à la France de l'Alsace-Lorraine promet aux chemins de fer de l'Est une nouvelle prospérité. Mais recevront-ils de nouveau le réseau alsacien? Et à quelles conditions? A quel prix l'État le rétrocèderait-il à la Compagnie? La Compagnie trouverait-elle, dans la nouvelle convention qui serait signée, une compensation aux dommages

considérables que l'invasion lui a valus? Il faudrait
connaître la réponse qui sera faite à ces questions
avant de compter sur un essor des dividendes.

Lourdement endetté envers l'État, l'Est avait
pu, avant la guerre, en recourant à l'emprunt,
rembourser sa dette de garantie et, par l'effet de
sa convention de 1911, disposer de ses bénéfices,
dans la limite étroite, toutefois, que nous avons
définie plus haut. L'attribution obligatoire à l'État
des deux tiers des sommes qui dépassent le dividende réservé restreint considérablement les possibilités d'augmentation du revenu. On ne peut
donc prévoir pour celui-ci, dans l'hypothèse la
plus favorable, que des accroissements lents et
modestes, s'il s'en produit.

La garantie de l'État, assurée à l'Est jusqu'en
1935, constitue pour cette Compagnie une assurance contre les risques inséparables de l'industrie
des chemins de fer en France. Dans ces conditions,
l'action Est semble pouvoir présenter assez longtemps une certaine stabilité. L'acquéreur se tromperait toutefois en croyant faire fortune. Les cours
actuels, pour un revenu minimum de 35 fr. 50,
tiennent déjà compte des possibilités les plus heureuses.

Tout à fait spécial est le cas des *Compagnies de
l'Orléans* et du *Midi*. Si elles étaient des Sociétés
comme les autres et réduites à leurs seules ressources, ces Compagnies auraient fait faillite depuis longtemps. On a même pu craindre que l'heure
de cette faillite ne sonnât en 1915. Mais un arrêt

du Conseil d'État, mettant fin à une vieille querelle qui, jadis, a fait couler beaucoup d'encre, et même renversé des ministères, est venu assurer à l'Orléans et au Midi, sans qu'il subsiste l'ombre d'un doute, le bénéfice de la garantie jusqu'à la fin des concessions (respectivement 1956 et 1960). Le gouvernement s'est incliné. Singulière combinaison, on en conviendra ! Humiliante situation pour l'État, destiné à subvenir à toutes les insuffisances de deux Compagnies privées et à remplir le rôle défini par le vers de la comédie :

> Un oncle est un banquier donné par la nature.

Quoi qu'il arrive, l'actionnaire de l'Orléans et celui du Midi ont la certitude de toucher, pendant plus de quarante ans, un dividende minimum, plus le remboursement de l'action au pair de 500 francs. Par exemple qu'ils n'attendent rien de plus ! Il est universellement admis que ni l'Orléans ni le Midi ne parviendront à rembourser leur lourde dette de garantie qui se grossit sans relâche des intérêts arriérés [1]. Tout l'actif qui apparaîtra à la fin des concessions ne peut manquer

---

1. L'Orléans a pourtant, jadis, été une compagnie extraordinairement prospère. Les actions ont même été dédoublées, en sorte que, sur le pied du dividende actuel de 59 francs, une action primitive donnerait 118 francs de revenu. Mais les conventions de 1883 ont transformé du tout au tout l'exploitation de la Compagnie qui, surchargée de lignes dépourvues de trafic rémunérateur, est devenu déficitaire. La réglementation du travail, des retraites, etc... a aggravé cette situation au moment où une lueur d'espoir se faisait jour et où la Compagnie commençait à pouvoir rembourser les avances de l'État.

d'être repris par l'État créancier pour le payer de
ses avances. Il est même moins que certain que
l'État y retrouve son compte.

Un placement en actions Orléans ou Midi doit
donc être considéré comme un placement à fonds
perdus pour la somme qui sépare le remboursement à 500 francs du cours actuel de ces valeurs.
En d'autres termes, le capitaliste sérieux qui posséderait l'une ou l'autre de ces valeurs devrait
songer, par des prélèvements sur son dividende,
à reconstituer, d'ici 1956, une somme d'environ
500 francs par action d'Orléans et, d'ici 1960,
d'environ 350 francs par action Midi. En vérité,
le jeu n'en vaut pas la chandelle.

Et nous voici enfin en présence du phénix des
actions de chemins de fer français. Nous voulons
parler de l'action de la *Compagnie des Chemins
de fer de l'Ouest* en liquidation, l'ancien Ouest
racheté, aujourd'hui Ouest-État.

Les finances de l'Ouest étaient dans une situation lamentable, lorsque le gouvernement, en
1908, vint tirer les actionnaires d'angoisses trop
fondées en se chargeant d'administrer le réseau
moyennant le paiement de bonnes et copieuses
annuités. Sans doute, à ce moment-là, l'État devait
garantir le dividende des actions jusqu'au 31 décembre 1934, mais il le devait jusqu'en 1934
seulement, tandis que le rachat a eu pour effet
d'étendre cette garantie jusqu'à l'expiration de la
concession, soit vingt-deux années plus tard (1956).

Or, en 1908, tout faisait prévoir (et cette prévision se trouverait singulièrement renforcée aujourd'hui), non seulement que la Compagnie de l'Ouest, à l'expiration de la garantie, ne serait plus en état de distribuer le moindre dividende à ses actionnaires, mais encore qu'elle serait exposée à ne pas suffire au service de ses obligations. Déjà, malgré une sévère économie et une compression énergique des dépenses, les insuffisances du produit net étaient telles que la Compagnie avait dû souvent demander à l'État bien plus que les 11 500 000 francs nécessaires au paiement du dividende minimum. Ces appels à la garantie avaient été si nombreux, si répétés, que la Compagnie, en 1908, se trouvait avoir contracté envers l'État une dette qui, en principal et en intérêts, ne s'élevait pas à moins de 350 millions. A grand'peine couverte alors par la valeur du matériel roulant, cette somme serait déjà (par le jeu seul de l'intérêt à 4 p. 100) bien dépassée aujourd'hui et l'on peut estimer qu'elle eût très probablement atteint, sinon dépassé, les environs d'un milliard en 1934. L'avenir de la Compagnie était désespéré.

Le rachat a dissipé les alarmes des actionnaires. D'un trait de plume, il a passé condamnation sur les 350 millions de la dette de garantie. Il a, d'une manière indiscutable et définitive, mis à la charge du Trésor le service des intérêts et de l'amortissement des obligations et des actions. Et la bienfaisance du rachat est même allée encore plus loin.

Non seulement les actionnaires sont assurés de recevoir jusqu'en 1956 le dividende minimum

(38 fr. 50). Non seulement le remboursement de leurs actions au pair de 500 francs ne fait pas de doute pour eux. Mais encore, plus favorisés que les actionnaires de toutes les autres Compagnies, ils n'ont pas d'inquiétudes à concevoir au sujet de la prime au-dessus du pair (200 francs environ) que représente normalement le cours de leurs titres. Ils n'ont pas à se préoccuper de la valeur de l'actif disponible au moment de la reprise du réseau par l'État. Ils sont dispensés de songer à amortir une perte certaine par un prélèvement sur le dividende. Car, en leur laissant la propriété d'une réserve spéciale constituée aux temps très anciens où leur Compagnie était prospère, et qui s'élève à une quarantaine de millions (soit 130 fr. par action), le rachat a tout prévu. Les revenus de cette réserve, capitalisés jusqu'en 1956, formeront la somme nécessaire pour que chaque action reçoive au minimum, à la liquidation définitive, la valeur actuelle de l'action de jouissance[1]. Il

1. A ce propos nous ferons remarquer qu'il y a une différence constante, qui dépasse souvent une centaine de francs, entre le cours de l'action de capital de l'Ouest et le cours de l'action de jouissance augmenté des 500 francs du remboursement. Cette différence tient à ce que celle-ci a droit au dividende de 21 francs, tandis que l'action de capital ne reçoit, en plus, que les intérêts à 3 1/2 soit 17 fr. 50. Il en résulte que l'action remboursée à 500 francs en vertu du tirage au sort vaut 500 francs en numéraire, plus une action de jouissance (il est facile de se rendre compte par la lecture du premier tableau de Bourse venu que la situation est la même pour les actions Orléans). En vendant l'action de jouissance et en rachetant avec le produit de cette vente, joint aux 500 francs de capital remboursé, une nouvelle action Ouest, l'actionnaire

paraît même probable, d'après un article de la convention de rachat, que, lorsque les réserves accumulées se seront établies d'une manière durable au-dessus du chiffre primitif, le surplus deviendra immédiatement distribuable. En pareil cas, chose paradoxale, on verrait l'Ouest racheté, jadis profondément déficitaire et condamné à la faillite, accroître son dividende, tandis que des Compagnies anciennement prospères, comme le Lyon, auraient été obligées de restreindre sinon de supprimer le leur[1].

Ainsi, bien garantie quant au revenu, bien garantie quant au capital, l'action Ouest, par un extraordinaire renversement des rôles, est devenue la première des actions de chemins de fer français. Complètement dégagée des soucis croissants, des risques et des incertitudes que comporte l'administration d'un grand réseau, l'action Ouest s'est transformée pour moitié en une créance directe sur l'État français. Pour l'autre moitié, cette action est la 300 millième part d'une riche Société de capitalisation. Ainsi la politique du socialisme d'État, toute nuisible qu'elle est, d'une manière

peut, si la chance aux tirages le favorise, accroître, de temps à autre, le revenu de son titre. Nous avons tenu à citer cet exemple, afin de montrer que, pour le capitaliste attentif, bien des occasions se présentent qui passent inaperçues pour le capitaliste distrait.

1. L'accroissement des droits de timbre et des divers impôts qui restent à la charge de la Société civile qui a pris la place de l'ancienne Compagnie de l'Ouest, pourrait cependant déranger les calculs établis sur l'accumulation des intérêts. A cela près, la méthode selon laquelle est administré ce patrimoine commun des actionnaires pourrait servir de modèle.

générale, aux fortunes privées, aura certainement, dans ce cas, sauvé de la ruine un élément des patrimoines français.

D'après un pareil précédent, nous serions vivement tenté de formuler cet axiome : *l'avenir et le salut des compagnies de chemins de fer français sont dans le rachat et ne sont que là.* Mais, en dépit des contrats, les rachats futurs se feront-ils toujours aussi correctement que s'est fait le rachat de l'Ouest ? Si le Parlement et l'administration venaient, tout en étendant le domaine des monopoles, à perdre la tradition bourgeoise du respect de la propriété et des contrats, à ne plus se soucier de conserver à l'État la réputation d' « honnête homme », ne verrait-on pas, à la procédure de rachat, se substituer la procédure de déchéance ? Déjà le parti socialiste voulait, en 1908, que la concession de la Compagnie de l'Ouest fût purement et simplement révoquée. Il y a là un symptôme à retenir[1]. Même si l'on ne procède pas au rachat, la révision des conventions de 1883,

---

1. M. Albert Thomas, membre influent et renseigné du groupe socialiste parlementaire, écrivait dans son livre, *L'État et les compagnies de chemins de fer* (1914) :

« Une *audacieuse politique de nationalisation* est indispensable pour résoudre tous les problèmes que l'évolution industrielle ou sociale a posés et qui sont, d'ores et déjà, reconnus insolubles sous le régime des conventions de 1883 ». C'est nous qui soulignons les mots *audacieuse politique de nationalisation.* La question est de savoir si cette « audace » qui, par le rachat de l'Ouest, s'est appliquée aux finances de l'État et a bénéficié aux actionnaires, n'aurait pas tendance à imposer aux actionnaires des sacrifices que l'État ne serait pas en mesure de supporter indéfiniment.

devenue inéluctable depuis la guerre, apporte-rait-elle aux actionnaires les garanties qu'ils souhaiteraient ? Il y a là bien des points d'inter-rogation.

Pour le moment, après avoir si gravement effrayé les classes possédantes, les rachats sont plus justement appréciés. On a pu s'en aperce-voir par l'exemple des chemins de fer algériens et l'on a pu assister, en 1914, à une hausse immé-diate des actions *Bône-Guelma*, à la seule nou-velle que ce réseau était racheté par l'Algérie.

Antérieurement, en 1908, le réseau de l'*Est-Algérien* avait déjà été incorporé au réseau d'État. Mais la convention amiable conclue avec la Compagnie de l'Ouest, ayant, à cette époque, été l'objet des critiques du parti socialiste, l'adminis-tration a préféré ne pas s'exposer aux mêmes reproches pour l'Est-Algérien et attendre le juge-ment de la juridiction contentieuse. La Compa-gnie a interjeté appel auprès du Conseil d'État de l'arrêt rendu par le conseil de préfecture de Constantine et les actionnaires ne sont pas encore (en 1919) fixés sur le sort qui leur sera fait. L'expérience, à notre avis, sera intéressante et susceptible de donner aux capitalistes une indica-tion définitive sur ce qu'il faut attendre des expro-priations par rachat.

D'ores et déjà, il est certain que le dividende de trente francs garanti par l'État aux actions de l'*Est-Algérien* leur demeurera acquis. L'adminis-tration ne l'a même pas contesté et, depuis qu'elle a pris possession du réseau, elle paye chaque année à la Compagnie une annuité suffisante pour subvenir au service des obligations et à la distribution du dividende ordinaire. Mais la Compagnie prétend avoir droit à des annuités plus fortes et réclame à l'État, pour chaque année restant à courir jusqu'à la fin de la concession (1978), une somme supérieure de 755000 francs à celle que l'État consent spontanément à lui verser. Si la Compagnie avait gain de cause sur l'ensemble ou seulement sur une partie de ses revendications, le rachat de l'*Est-Algérien* vu le nombre relativement peu élevé des actions (50000), pourrait avoir pour effet d'accroître le revenu des actionnaires dans une proportion qui ne serait pas négligeable, étant donné la légèreté du titre. C'est ainsi que certaines personnes prétendent que si la Compagnie de l'Ouest, au lieu de s'entendre à l'amiable avec l'État, s'était présentée devant les tribunaux administratifs, elle eût obtenu des conditions encore bien plus favorables que celles qui lui ont été reconnues par le compromis. Quoi qu'il en soit, on admet assez généralement que les actionnaires de l'*Est-Algérien* conserveront au moins la propriété d'une réserve qui représente à peu près 70 francs par action. Ils se trouveraient alors sur le même pied que les actionnaires de l'Ouest et n'auraient plus à craindre de perdre la différence entre le cours de l'action (550 francs environ, après avoir été de plus de 700 naguère) et le remboursement à

5oo francs. On a pu remarquer depuis quelque temps le zèle avec lequel certains capitalistes recherchaient les actions de jouissance de l'*Est-Algérien* et du *Bône-Guelma*. Ces petits titres, qui, pour le moment, ne produisent aucun revenu, ne sont même pas cotés en Bourse, et certains banquiers, outillés pour ce genre de négociations, se chargent seuls de mettre en rapport les vendeurs et les acheteurs. Ces capitalistes ont sans doute des raisons de penser qu'une spéculation sur les deux rachats, à l'aide de titres d'un prix de revient presque insignifiant, pourrait ne pas être maladroite.

Voilà un exemple qui est encore, à notre avis, très instructif. Car il montre que le capital peut trouver, dans les circonstances créés par l'évolution vers le socialisme d'État, des occasions imprévues de compenser des pertes ou des dommages subis par ailleurs. Qui sait si, dans l'avenir, d'autres occasions, aujourd'hui insoupçonnables, ne surgiront pas d'une métamorphose encore plus étendue de l'organisation économique et sociale sur laquelle nous avons été accoutumés à nous reposer? Aux personnes les plus pessimistes et les plus disposées à croire à une dissolution irréparable des anciens éléments qui composaient les patrimoines, nous montrons, au milieu d'une catégorie de valeurs visiblement fatiguées, vieillies, ayant produit tout ce qu'elles pouvaient produire, les cas inattendus de relèvement et de guérison que présentent les actions de l'Ouest et les actions des chemins de fer algériens.

La Compagnie du *Bône-Guelma*, soulagée de son réseau d'Algérie, gardera l'exploitation d'un réseau tunisien sur la valeur et l'avenir duquel il est, pour le moment, difficile de se prononcer. Il ne subsiste plus en Algérie qu'une seule Compagnie privée, celle de l'*Ouest-Algérien*, qui sera sans doute, un jour ou l'autre, rattachée aux chemins de fer unifiés de l'État. Cette opération paraît retardée par le fait que l'Ouest-Algérien, compagnie privée, peut étendre ses lignes vers le Maroc sans soulever de difficultés, hier diplomatiques, aujourd'hui administratives. Si le rachat de cette compagnie venait à paraître à l'horizon, le capitaliste ferait peut-être bien de s'y porter. Car certaines précautions de la Compagnie, (notamment une annulation d'une partie de ses actions), permettent de penser qu'elle s'est préparée à cette éventualité et s'est mise en bonne posture.

Nous arrêtons ici cet examen des actions des chemins de fer français, sur lesquelles nous avons particulièrement insisté en raison du danger qui les menace, de la place qu'elles occupent dans les patrimoines français et des inquiétudes qu'elles doivent inspirer aux porteurs.

Nous n'ajouterons qu'un mot ; si telles sont les conditions d'insécurité dans lesquelles les grands réseaux continuent leur exploitation, que dire des chemins de fer secondaires, des lignes d'intérêt local, etc...? Ces sociétés, avec leurs faibles recettes, ne peuvent manquer d'être écrasées par la hausse des matières premières et par les lois qui réglementent le travail, les salaires, les retraites, etc... Après tant d'exemples malheureux ou décourageants, on se demande comment ces Compagnies trouvent encore des actionnaires, et il est probable qu'elles en trouveront de plus en plus difficilement. Pas plus que les ponts ou que les routes, les chemins de fer de l'avenir ne seront sans doute des entreprises privées.

CHAPITRE IX

LES ACTIONS DES CHEMINS DE FER ÉTRANGERS

La plus grande partie des bonnes lignes d'Europe constitue des exploitations directes d'État. — Les Compagnies qui existent encore sont dans une situation voisine de celle des chemins de fer français. — Un mot alarmant de M. Lloyd George. — Le cas de la Compagnie du Sud de l'Autriche : comment un chemin de fer est conduit à la ruine. — Crise grave des chemins de fer américains avant la guerre européenne ; pourquoi cette crise menace de se représenter et d'être durable. — Le krach des chemins de fer exotiques. — Conclusion : les actions de chemins de fer sont le type de la valeur mobilière qui meurt.

Les États européens ont, en grand nombre, au cours de ces vingt-cinq ou trente dernières années, racheté leurs chemins de fer, qu'ils exploitent directement. C'est l'indication très nette d'une tendance générale à enlever aux chemins de fer le caractère d'entreprises commerciales pour les transformer en services publics. Cette tendance devant avoir pour effet de réduire progressivement jusqu'à zéro le bénéfice des réseaux, on comprendra dès lors que, à l'étranger comme en

France, les actionnaires de ces compagnies soient exposés à de désagréables surprises et courent généralement des risques sans proportion avec les chances non seulement d'accroître, mais même de conserver leur revenu et leur capital.

Nous allons passer en revue les principales valeurs de chemins de fer étrangers auxquelles le public français est intéressé ou susceptible de s'intéresser. Depuis les premières années du xxᵉ siècle, le même phénomène se remarquait pour presque toutes, en Amérique comme en Europe : augmentation du coefficient d'exploitation, décroissance du produit net, ingérence continue et ruineuse de l'État dans l'administration et les services, cherté croissante de la main-d'œuvre et des matières premières, amélioration sans cesse plus coûteuse des traitements, salaires et retraites, etc... Ainsi se volatilisent tous les bénéfices. Et il va sans dire, non seulement que ces causes subsisteront après la guerre, mais encore qu'elles seront aggravées. En sorte que le droit d'exploiter les réseaux de voies ferrées commence à apparaître comme une charge beaucoup plus que comme une source de profits, ainsi qu'on va pouvoir s'en rendre compte à l'aide de ce document curieux.

Au mois de février 1908, un membre de la Chambre des Communes ayant présenté un ordre du jour favorable au rachat des chemins de fer anglais, le président du *Board of trade* fit un exposé de la situation des Compagnies, dont nous tenons à reproduire l'essentiel, résumé d'après un compte rendu de son discours :

Le ministre a eu soin de faire ressortir dans quelles conditions onéreuses les compagnies elles-mêmes ont à travailler. Mises à rançon dès le début, du chef des expropriations que réclamaient les tracés, on les sollicite aujourd'hui de toutes parts. On réclame d'elles la majoration des salaires du personnel, le raccourcissement des heures de travail, la multiplication des trains ouvriers : tout cela sans se demander si, entreprises commerciales, tous ces sacrifices joints à l'abaissement des tarifs, aux facilités sans cesse exigées, leur permettraient de réaliser ou non un bénéfice raisonnable.

En voilà assez, pensons-nous, pour détourner les capitalistes français de s'intéresser aux chemins de fer anglais, s'ils venaient à en concevoir l'idée, surtout lorsque l'on saura que l'orateur qui traçait, en 1908, cette sombre peinture, n'était autre que M. Lloyd George, ministre dont les idées socialistes paraissaient alors effrayantes et qui n'est plus aujourd'hui qu'un conservateur, tant il a été dépassé.

Ces paroles de M. Lloyd George nous invitent même à nous demander si les États contemporains n'auraient pas, en matière de chemins de fer, une secrète inclination à laisser les Compagnies aux prises avec une situation difficile jusqu'au moment où ces Compagnies, menacées de faillite, seraient disposées à se laisser racheter à vil prix.

C'est, d'ailleurs, la politique qu'avait suivie le défunt gouvernement austro-hongrois vis-à-vis d'une Compagnie dans laquelle, par malheur, les capitalistes français sont engagés très gravement, et qui a éprouvé toutes sortes de vicissitudes au cours de son existence, longue d'une soixantaine d'années déjà environ. L'histoire des chemins de fer du sud de l'Autriche, appelés encore *Chemins Lombards*, est un exemple frappant de la manière dont une grande entreprise, jouissant à l'origine de toutes les apparences de la santé et de la prospérité, peut se trouver insensiblement conduite à la ruine.

Le gouvernement de la monarchie autrichienne, en 1908, avait racheté la Compagnie des chemins de fer dits *Autrichiens* qui exploitaient les réseaux du Nord et l'on pouvait penser qu'il ne tarderait pas à étendre cette opération au réseau du Sud. Soit dit en passant, et en vérification de nos observations du précédent chapitre, le rachat avait été une excellente affaire pour les actionnaires des chemins autrichiens du Nord. Leur dividende, fixé une fois pour toutes, était avantageux, soustrait à tout aléa, et même susceptible de légères augmentations. Il avait été en 1914 supérieur d'un quart à ce qu'il était en 1904. Et les cours de l'action, avant la guerre, témoignaient du contentement que le rachat avait causé aux porteurs. Mais que deviendront ces titres dans l'effondrement de la monarchie des Habsbourg et la banqueroute qui menace l'Autriche? C'est une bien sombre interrogation.

Quant aux chemins lombards, l'État autrichien n'avait pas songé une minute à leur offrir le rachat.

C'est que déjà, en 1908, leurs affaires commençaient à aller mal. Depuis sept ans, ni intérêt ni dividende n'avaient été distribués aux actions. L'amortissement des obligations venait d'être suspendu et la compagnie, qui ne tenait déjà plus tous ses engagements, était sur le chemin qui mène à la faillite. Loin de la délivrer de ces soucis par un rachat qui eût été un acte de charité semblable à ce qu'a été chez nous le rachat de l'Ouest, l'administration autrichienne voyait avec plaisir la situation de la Compagnie s'aggraver, et se plaisait même à lui imposer des dépenses nouvelles. Enfin, en 1914, la Compagnie étant au bord de l'abîme, l'État avait consenti à intervenir. Mais dans quelles conditions ! Nous parlerons plus loin des sacrifices considérables qui ont été imposés aux obligataires des chemins lombards sans que, nous le verrons, ceux-ci aient la ferme assurance que de nouveaux sacrifices ne devront pas leur être demandés quelque jour, ce que fait craindre plus encore la triste situation financière de l'Autriche après la guerre. Quant aux actions, elles n'ont plus rien à espérer et elles ne conservent un semblant de valeur que par la force de l'habitude et la puissance de l'illusion.

Chose très remarquable, le réseau du sud de l'Autriche n'était nullement improductif. C'était même un assez beau réseau, sur certaines parties duquel le trafic était intense. La recette kilométrique en était supérieure à la moyenne de beaucoup de chemins de fer qui réalisent des bénéfices. Mais il est écrasé par le poids de sa dette. Ayant perdu ses lignes de Lombardie après la guerre de 1859, ses lignes de Vénétie après la guerre de 1866, il n'avait reçu du gouvernement italien que des indemnités insuffisantes sous forme d'annuités. D'autre part, l'immense majorité des actions et des obligations se trouvant aux mains d'étrangers, le gouvernement austro-hongrois ne s'était senti tenu à aucune espèce d'égards envers la compagnie et semblait même, au contraire, s'être appliqué à lui demander des sacrifices plus lourds et à la traiter avec plus de sévérité que les autres. Il y a là une leçon qui ne doit pas être perdue. Et, sur ce point, nous renverrons le lecteur à ce que nous avons dit précédemment à propos des dangers auxquels la tendance croissante des gouvernements au nationalisme économique expose les capitaux exportés dans les entreprises étrangères.

***

En Espagne, les chemins de fer se trouvent encore sous le régime des concessions, qui date de l'origine des compagnies. A la suite d'une longue période où elles apparurent comme besogneuses et condamnées à végéter, les compagnies espagnoles étaient parvenues depuis quelques années à une prospérité relative. Ce phénomène semble contredire la règle d'après laquelle les chemins de fer sont destinés à être de plus en plus difficilement rémunérateurs. Cette exception

s'explique par le fait que l'Espagne a eu un développement économique particulièrement tardif et
qu'elle commence seulement à entrer dans l'ère
de l'activité industrielle. Mais surtout, en même
temps que le trafic s'accroissait sur les réseaux
principaux, le change baissait peu à peu. En sorte
que les paiements en or que les compagnies se
sont engagées à faire au dehors pour le service de
leur dette, après avoir été une charge écrasante,
sont devenus moins coûteux d'année en année.
C'est ainsi que la *Compagnie du Nord de l'Espagne*
avait pu, après une longue suspension, recommencer la distribution de ses dividendes et la *Compagnie de Madrid-Saragosse* accroître les siens.
Les personnes qui se tenaient au courant du relè-
ment de la péninsule n'ont pas manqué de profiter
de l'occasion qui s'offrait. Les actions *Nord de
l'Espagne*, valaient, il y a une dizaine d'années,
150 francs environ, lorsque le change était au
cours déplorable de 40 p. 100, c'est-à-dire lorsqu'il
fallait donner 140 piécettes pour obtenir 100 fr.
A la veille de la guerre, le change était descendu
à 4 p. 100 seulement et les mêmes actions valaient,
ou peu s'en faut, 450 francs. Peu de mouvements
de hausse auront été aussi mathématiquement
faciles à prévoir que celui-là.

Mais l'amélioration financière due au change
n'a pas suffi longtemps à conjurer le flot montant
des dépenses. Les chemins de fer espagnols n'ont
plus devant eux que de très étroites perspectives, si
même ils n'offrent pas plus de chance de rétrogra-

der que de maintenir leurs cours. Pour eux comme pour les chemins de fer du monde entier, les dépenses ont grandi infiniment plus que les recettes. La réduction du produit net pour les chemins de fer espagnols a commencé et tout fait entrevoir qu'elle ira en s'accentuant pour les mêmes raisons qu'ailleurs : relèvement des salaires, adoucissement des conditions du travail, etc... La cherté du charbon et des matières premières est aussi un phénomène qui ne cessera pas de si tôt.

Les actions des *Chemins de fer portugais* avaient suivi, quoique d'assez loin, le retour de fortune des chemins de fer espagnols. Mais les mêmes appréhensions doivent être conçues au sujet de l'avenir de ces valeurs. Le Portugal, sous la monarchie parlementaire, se trouvait, selon les propres paroles du roi don Carlos, « dans le gâchis ». Il n'apparaît pas que la République l'en ait tiré. Assez d'autres occasions vont s'offrir aux détenteurs de capitaux pour que, de longtemps, ils ne soient pas exposés à la séduction de s'engager dans les entreprises portugaises.

En Italie, les chemins de fer dits *Méridionaux*, rachetés depuis quelques années, nous donnent l'exemple d'un rachat dont les actionnaires n'ont pas eu à se féliciter beaucoup. C'est, d'abord, que l'État italien, excellent défenseur de ses intérêts et depuis longtemps pénétré des conceptions du nationalisme économique, est assez coutumier des opérations léonines. Dans ses rapports avec les sociétés financières, il sait défendre ses droits et

imposer le « fait du prince ». Aussi le rachat des
Méridionaux n'a-t-il pas été un rachat de magni-
ficence comme le rachat de l'Ouest français. En
outre, les administrateurs de cette compagnie ont
employé les éléments d'actif restés propriété des
actionnaires à diverses entreprises plus ou moins
heureuses. L'action des Méridionaux est ainsi
devenue pour partie une valeur industrielle repo-
sant sur des affaires mal définies et qui n'ont aucun
rapport avec l'exploitation des chemins de fer. Ce
sont de ces surprises désagréables comme l'actionnaire, s'il n'est pas très diligent et ne suit pas de
près les faits et gestes des conseils d'administration, est exposé à en éprouver souvent.

Il ne subsiste plus, dans les autres pays d'Europe,
qu'un très petit nombre de compagnies de chemins de fer, les réseaux, du moins les plus importants, étant presque tous exploités directement par
l'État. S'il se présente quelques exceptions, c'est,
par exemple, en Turquie. L'avenir que la paix
réservera à ce pays est douteux et la réserve s'impose. Seuls, des capitalistes très bien renseignés
sur les affaires d'Orient pourront se porter sur ces
valeurs. Nous ne parlons que pour mémoire de la
Russie dont les entreprises sont rayées pour longtemps de la liste des vivants.

Ce qu'il ne faut pas perdre de vue, en tout cas,
c'est que les valeurs étrangères pour lesquelles, au
milieu d'un retentissant concert de publicité, le
public français se voit sollicité à l'improviste, ont
presque toujours enrichi depuis longtemps leurs

détenteurs primitifs qui cherchent à réaliser leurs bénéfices sur un autre marché, aux dépens de dupes mal renseignées. Cette histoire est précisément celle de l'introduction des valeurs de chemins de fer américains en France.

Au mois de janvier 1911, l'action *Atchison, Topeka et Santa-Fé* valait à New-York environ cent dollars, un peu plus de 500 francs. Le titre n'offrait plus d'ailleurs, à ce moment-là, de perspectives très séduisantes. Il venait d'assez loin et les améliorations obtenues dans l'exploitation du réseau n'étaient plus guère susceptibles de développement, comme la suite l'a d'ailleurs prouvé. Cependant la hausse continua sur ces titres jusqu'au mois de juin 1911, date à laquelle les actions Atchison furent introduites sur le marché français au prix excessif de 605 francs. Les émetteurs américains n'avaient pas fait une mauvaise opération. L'affaire était moins belle pour les porteurs français. Il est juste de dire (ce qui n'ôte rien à la morale de cette histoire,) que, pendant la guerre, l'action Atchison a retrouvé et même dépassé, grâce au bénéfice du change américain, son cours d'émission, tandis qu'en 1914, elle ne valait plus guère que 500 francs, c'est-à-dire ce qu'elle valait en Amérique quand le prochain lancement sur le marché de Paris n'était encore le secret que d'un petit nombre d'initiés.

Les chemins de fer américains souffrent d'ailleurs des mêmes maux que les chemins de fer européens. Le temps n'est plus où la « libre Amé-

rique » apparaissait comme une sorte de paradis
des grandes affaires, où toutes les manifestations
de l'activité humaine pouvaient se déployer à
l'abri de l'intervention de l'État, sans connaître
d'autres lois que celles de la concurrence. Les
compagnies américaines, après avoir connu les
inconvénients du régime de la liberté absolue, qui
a multiplié les lignes rivales et inutiles, obligé les
anciennes sociétés à racheter très cher les réseaux
concurrents, sont étroitement soumises aujour-
d'hui au contrôle de l'État. Quoique propriétaires,
et non concessionnaires de leurs réseaux, ces compagnies dépendent autant que les nôtres des pou-
voirs publics. Elles ne sont plus maîtresses de
leurs tarifs depuis 1906, date à laquelle l'Inter-
state Commerce Commission, qui représente le
gouvernement fédéral, a été investie du droit de
les fixer. Accroissement des impôts, exigences du
législateur, relèvement des salaires par pression
syndicale sinon par le moyen des grèves, les compagnies américaines présentent exactement tous
les genres de fissures par lesquelles s'écoulent les
bénéfices des chemins de fer dans les autres pays.

Jusqu'à ces dernières années, les actions des
chemins de fer américains apparaissaient comme
des valeurs au plus haut degré spéculatives, qui
obéissaient à toutes les fluctuations de la prospérité américaine, et douées par là même d'une élas-
ticité considérable.

Ces conditions ont bien changé. Les crises industrielles, qui offrent des retours périodiques en

Amérique comme ailleurs, mais plus particulièrement marqués en Amérique qu'ailleurs, continuent bien d'influer sur leurs bénéfices. Mais l'accroissement incessant des charges pèse sur les
compagnies d'une façon bien plus grave, parce
qu'elle est permanente. Les chemins de fer américains, comme les nôtres, accroissent tous les ans
leur dette. Leur produit net s'abaisse, et nombreuses
(on en comptait quatorze du 1er janvier 1913 à fin
juin 1914) ont été celles qui ont suspendu ou diminué leurs répartitions. On a calculé que, de
1906 à 1914, la valeur en Bourse des titres des
chemins de fer des États-Unis (actions et obligations) avait baissé de la somme formidable de trois
milliards de dollars, c'est-à-dire de quinze milliards de francs.

La crise financière universelle de l'année 1913
avait évidemment contribué à porter cette dépression à son point le plus bas. Mais, en dépit de la
prospérité que la guerre européenne a valu aux
États-Unis, il ne faudrait pas compter, pour l'avenir, sur une reprise durable. La politique du gouvernement fédéral, en matière de chemins de fer,
semble consister (selon les termes d'un rapport
très intéressant de M. H. de Saint-Laurent, consul
de France à Chicago) à procéder à une estimation
de la valeur des réseaux et à accorder un revenu
moyen d'environ 5 p. 100 au capital reconnu par
la Commission comme ayant été réellement investi
dans les réseaux. Ce serait en somme un rachat
dissimulé, mais à la suite d'évaluations dont le

résultat semble extrêmement peu rassurant pour les actionnaires, si l'on tient compte de l'orientation du gouvernement fédéral.

Etant donné ces menaces ; étant donné l'immense variété des compagnies de chemins de fer américains, la complexité de leur organisation financière, l'énormité et l'enchevêtrement des réseaux, qui prêtent le flanc à toutes les surprises, il faut conclure que le capitaliste européen qui se rend acquéreur d'actions de cette nature opère dans l'inconnu et joue à une espèce de jeu qui ressemblerait beaucoup à celui de la roulette ou du baccara, s'il y avait chance d'y gagner.

Deux actions de chemins de fer du continent américain, auxquels le public français s'est trouvé intéressé, auront toutefois, en ces dernières années, donné de la satisfaction aux porteurs. Ces deux cas s'expliquent par des causes exceptionnelles. Le *Canadian Pacific* n'est pas seulement un chemin de fer ; c'est un grand propriétaire foncier dans un pays neuf qui vient de passer par une phase de développement magnifique. Les bénéfices répartis aux actionnaires proviennent en réalité de bénéfices réalisés sur les ventes de terrains, car les recettes de l'exploitation elle-même sont de plus rongées par les dépenses. Ces bénéfices sont et resteront considérables tant que la population du Canada s'accroîtra et ils sont destinés à varier avec le mouvement de la population dans ce pays. D'ailleurs, le domaine territorial de la Compagnie, pour une part urbain, reste un des plus vastes qui appartiennent dans le monde à une société privée (environ sept ou huit départements français). Il n'en est pas moins destiné à s'épuiser un jour. En outre, il n'échappe pas aux observateurs que le *Canadian Pacific* fait tous les ans appel au crédit pour des sommes considérables et ne cesse d'accroître ses charges. Il serait donc imprudent de s'attendre à des plus-values illimitées.

Une autre valeur de chemins de fer a donné aussi quelque satisfaction : l'action des *chemins de fer de Santa-Fé*, dans la République argentine. Mais il s'agit là d'un cas de sauvetage plutôt que d'autre chose. Après avoir subi divers accidents, être arrivée au bord de la faillite et avoir été contrainte de demander un concordat, cette société, administrée par des mains plus habiles, a réussi à se relever. En réalité, la prospérité en est toute relative et ce n'est que par comparaison avec la détresse antérieure de la Compagnie qu'il est possible de parler de la bonne situation des chemins de fer de Santa-Fé. La marge des bénéfices reste très étroite et à la merci des crises économiques, de l'état des récoltes et même des intempéries.

La vérité est que, presque toujours, les capitaux engagés dans les chemins de fer des pays neufs ou exotiques doivent être considérés comme dangereusement aventurés. C'est une vérité dont l'épargne française a fait, au Brésil et ailleurs, une cruelle expérience. Les chemins de fer ne peuvent être productif que dans les pays où la population est dense, la richesse stable, le commerce et l'industrie développés. Or ces pays-là sont presque tous parvenus à un état politique et social qui est essentiellement défavorable à l'exploitation des voies ferrées par des sociétés privées. Nous voyons des pays comme les États-Unis, qui ignoraient naguère le régime de l'étatisme, s'y acheminer. Il faut, dans ces conditions, conclure avec la plus grande netteté que les actions de chemins de fer sont devenues universellement des valeurs dangereuses, aléatoires et, même pour les meilleures, dépourvues d'avenir. En sorte qu'il convient aux capitalistes prudents de les éviter ou de n'en plus surcharger leurs portefeuilles comme ont pu le faire, soit impunément soit même avec profit, les deux générations qui ont précédé la génération actuelle.

Les actions des chemins de fer sont, de tous les éléments des fortunes modernes, celui qui aura le plus rapidement vieilli. Y rester aveuglément fidèle, par esprit de tradition familiale ou par habitude personnelle, serait s'exposer à la ruine de gaieté de cœur. C'est surtout des patrimoines qu'il est vrai de dire qu'ils ne se baignent ni ne se rafraîchissent deux fois dans le même fleuve.

CHAPITRE X

LES OBLIGATIONS DES CHEMINS DE FER FRANÇAIS ET ÉTRANGERS

Conditions auxquelles ces obligations peuvent attirer des placements sérieux. — Une garantie d'un grand État solvable est presque toujours nécessaire. — Exemple des obligations des grandes Compagnies françaises. — Avantages respectifs de ces diverses catégories d'obligations. — Des obligations de bonne apparence qui auront fait subir de lourdes pertes aux fortunes : les obligations lombardes. — Autre expérience pénible : les obligations des chemins de fer américains. — Éclaircissements sur la valeur de ces titres. — Quels sont ceux dont les porteurs ont eu à se féliciter? — Gages et remboursements des obligations américaines. — Il convient de se détourner des obligations de chemins de fer exotiques. — De quelques pièges dont le public n'est pas assez averti.

Autant les placements en actions de chemins de fer doivent être écartés pour les raisons que nous avons dites, autant au contraire les obligations peuvent être recherchées, du moins à certaines conditions que nous allons définir et moyennant lesquelles le sort des obligations peut devenir nettement distinct de celui des actions.

Tel est très certainement le cas pour les obligations des chemins de fer français.

Nous avons vu, en effet, que, sur les six grands réseaux, il en est trois (Ouest, Orléans, Midi) qui jouissent d'une garantie pleine et entière de l'État jusqu'à la fin des concessions. L'intérêt et l'amortissement des obligations de ces compagnies sont donc assurés sans condition et sans discussion. Ce sont tout simplement des créances sur l'État français et qui suivront le sort des finances de l'État.

Les trois autres compagnies, celles de l'Est, du Nord et du Paris-Lyon ne sont pas dans le même cas. La garantie que les conventions de 1883 assurent à la compagnie de l'Est expire en 1935 : à partir de cette époque le service des obligations n'aura plus d'autre couverture que le produit net. Cette situation est déjà celle des obligations Nord et Lyon. Ces deux compagnies, pour qui la garantie de l'État a disparu en 1915, offrent en garantie à leurs obligations la marge constituée par leurs bénéfices, mais elles n'en offrent plus d'autre. S'il est à redouter que la marge constituée par ces bénéfices ne doive pas reparaître, faut-il appréhender aussi que le service des obligations du Nord et du Lyon reste en souffrance au cas où les compagnies entreraient dans une période de déficit? Ce danger ne paraît pas à craindre, au moins en temps normal, et à moins d'admettre que l'État, accablé sous le poids de ses propres charges, ne puisse remplir les engagements, *purement moraux et verbaux* il est vrai, qu'il a pris à cet égard.

Il y a des valeurs qui doivent, non sans raison,

une partie de la confiance qu'elles inspirent à la
manière même dont elles sont réparties dans le
public et à la nature des portefeuilles où elles se
trouvent classées. C'est justement le cas des obligations de nos chemins de fer. Elles sont extrêmement répandues, en France, dans la petite épargne,
et non seulement dans la petite épargne individuelle, mais peut-être surtout dans ce qu'on pourrait appeler la petite épargne collective, celle que
les sociétés de secours mutuels et les caisses de
retraites représentent tout particulièrement. Ainsi,
chose extrêmement importante en régime de démocratie, le nombre se trouve intéressé à un service ponctuel des obligations de chemins de fer.
Toute défaillance dans le service des obligations
d'une des compagnies non rachetées ou non garanties prendrait les proportions d'une catastrophe
publique et atteindrait une foule d'électeurs, tandis
que, les actions n'étant détenues que par la bourgeoisie moyenne, la suppression du dividende pas-
serait inaperçue. On comprend donc sans peine
que M. Joseph Caillaux, porte-parole autorisé de
la démocratie radicale-socialiste, ait été amené à
déclarer à la tribune de la Chambre, le 29 mars
1911, étant ministre des finances, qu'il ne pouvait
concevoir aucune sorte de gouvernement qui pût
jamais laisser le coupon des obligations de chemins de fer en souffrance. Il est très important
de rapprocher de cette déclaration le fait que,
malgré l'expiration de la garantie, les obligations
du Nord et du Lyon ont continué, en vertu d'une

circulaire ministérielle, à entrer dans la catégorie des placements légaux.

Aussi peut-on regarder à juste titre les obligations de nos grandes compagnies de chemins de fer comme faisant partie des engagements explicites de l'État et comme devant suivre les destinées des finances de notre pays. Indépendamment du gage constitué par les recettes, c'est une considération des plus importantes.

Les obligations de nos chemins de fer offrent les types les plus variés : au cours d'une existence déjà longue, où elles n'ont cessé d'emprunter, les compagnies ont suivi toutes les exigences du crédit. Actuellement le public a le choix entre les obligations 5 p. 100, 4 p. 100, 3 p. 100, 2 1/2 p. 100. Les deux premières sont du rendement immédiat le plus avantageux. Mais elles se tiennent peu éloignées du pair et n'offrent par conséquent qu'une légère prime au remboursement. Les obligations du type 3 p. 100 offrent l'avantage d'avoir un marché extrêmement large et de nombreuses transactions quotidiennes, même par les temps de marasme financier : c'est peut-être, en France, la valeur préférée, à tous les degrés de l'épargne. Enfin la prime au remboursement est considérable. Elle atteint 170 francs pour des titres achetés à 325 francs pendant la guerre.

Les obligations du type 2 1/2 p. 100 qui donnent un revenu inférieur ont au contraire une prime au remboursement encore un peu plus élevée

En somme, indépendamment de la sécurité qu'elles présentent, les obligations de chemins de fer 3 p. 100 et 2 1/2 p. 100 sont surtout intéressantes par la prime au remboursement qui doit être recueillie par tirages annuels d'ici la fin des concessions. Les obligations 2 1/2 paraissent surtout convenir à ce point de vue aux sociétés de capitalisation, qui comptent sur le temps comme sur un collaborateur fidèle, ou aux pères de famille très prévoyants. Pour fixer les idées du lecteur, nous lui citerons le cas de la Compagnie de l'Ouest en liquidation qui, dans le portefeuille de cette importante réserve dont nous avons parlé plus haut, ne possède pas moins de 29 à 30,000 obligations 2 1/2 des divers réseaux. D'ici l'époque où cette réserve, — on aurait dit autrefois cette tontine, — sera partagée entre les actionnaires, ces 30.000 obligations, évaluées avant la guerre par le conseil de liquidation, selon les cours de la Bourse, à 10 800 000 francs en chiffres ronds, auront été remboursées à 500 francs (ou plus exactement 495 francs taxe déduite) et auront produit près de 14 millions. Ainsi le bénéfice est mathématique et peut, d'ores et déjà, être calculé aux centimes près.

On doit toutefois envisager le cas où ce bénéfice pourrait être réduit. C'est celui où les compagnies, terriblement obérées par la guerre, ne se relèveraient pas de leur déficit chronique et continueraient à faire appel à l'État pour de lourdes sommes. Si alors le cours des obligations 3 p. 100

continuait à se tenir entre 300 et 350 francs, et
à donner, par chaque titre amorti, une prime
énorme, l'État pourrait être tenté de diminuer
cette prime due aux circonstances, en aggravant
la taxe sur les primes de remboursement. Cette
taxe est actuellement de 4 p. 100 et porte sur la
différence formée par le prix d'émission du titre
et le taux auquel il est remboursé. A cet impôt
pourrait d'ailleurs s'en ajouter légitimement un
autre qui s'appliquerait au bénéfice réalisé sur
chaque obligation amortie par rapport au cours
moyen du titre pendant l'année. Tant que le capitaliste français n'aura à payer que des impôts de
cette nature, il ne sera pas à plaindre.

Il y a, pour la marche de l'amortissement, des
différences notables entre les diverses compagnies.
Voici l'ordre dans lequel elles se présentent :
d'abord toutes les obligations du *Nord*, en vertu
du terme de la concession qui expire dès 1950.
Les obligations dites « anciennes » de l'*Orléans*,
les 7 ou 800 000 premiers numéros des obligations
« anciennes » de l'*Est* (qui auraient droit à une
cotation spéciale en Bourse), doivent être aussi
complètement remboursées en 1950 : les actuaires
qui travaillent pour le compte des sociétés d'assurance et de capitalisation savent exactement quelles
sont, pour chaque catégorie d'emprunts, les chances
de tirage au sort et la progression annuelle de ces
chances. D'ailleurs le public lui-même commence
à s'en rendre compte, car les trois espèces d'obligations que nous venons de citer sont ordinaire-

ment plus recherchées que les autres. Les obligations Lyon, et Midi viennent les dernières : et leurs cours, surtout pour les Lyon, s'en ressentent, la garantie absolue de l'État exerçant une bonne influence sur les Midi.

Ces remboursements (1 titre sur moins de 50 pour les trois séries les plus favorisées que nous venons d'énumérer) s'accéléreront à mesure que l'expiration des concessions s'approchera. Ils sont destinés à agir sur les cours des obligations à la manière d'un aimant. Nous avons vu les obligations de chemins de fer, en ces derniers temps, résister à la baisse beaucoup mieux que le 3 p. 100 perpétuel. La raison de cette résistance est là. On peut considérer, après cette épreuve, les obligations de chemins de fer comme se trouvant, au point de vue de la stabilité des cours, dans des conditions relativement favorables. La régularité de l'amortissement fait le salut des valeurs dans les tempêtes financières. Et, jusqu'ici, cette régularité, pour nos grandes compagnies, ne saurait être mise en doute.

Les obligations 3 p. 100 des chemins de fer algériens (*Ouest-Algérien*, *Est-Algérien*, *Bône-Guelma*, plus la série des anciens « Chemins algériens », *Mostaganem*, *Aïn-Thizy*, etc...) sont, au point de vue de la sécurité, dans la même situation que les obligations de l'Ouest, de l'Orléans ou du Midi, étant émises par des compagnies soit rachetées soit formellement garanties par l'État. Le cas est le même pour diverses obligations de chemins de fer coloniaux (*Port de la Réunion, Indo-Chine et Yunnan*).

Mais la durée des concessions et, par conséquent la période des remboursements, étant beaucoup plus longue (jusqu'à 1975 ou 1980 en moyenne) que pour les six grandes compagnies de la métropole, l'effet de l'amortissement se fait sentir moins nettement sur les cours. Les obligations des six grandes compagnies sont donc préférables, à moins que les obligations algériennes et coloniales diverses que nous venons de désigner ne se présentent à des cours inférieurs de 20 ou 25 francs au moins.

⁂

Il serait imprudent de conclure de ce qui précède que toutes les obligations de chemins de fer sont de bonnes valeurs et, en particulier, que les obligations des chemins de fer étrangers offrent les mêmes garanties que les nôtres. Cette analogie aura fait d'innombrables victimes. Et c'est en matière financière plus que partout ailleurs qu'il faut se garder de raisonner par analogie.

On peut dire que le martyrologe des obligations de chemins de fer est encore plus vaste que celui des actions, car, le plus souvent, on peut même dire malheureusement dans presque tous les cas, l'obligataire a fourni des sommes cinq ou dix fois plus considérables que le capital versé par les actionnaires.

Les obligations des réseaux rachetés (*Victor-*

Emmanuel et *Méridionaux* en Italie, ou *Autrichiens* par exemple), et les obligations garanties par l'État russe n'étant plus, les unes et les autres, que des fonds d'État, suivent, depuis les événements de 1918, les destinées de ces divers pays. Après elles, on n'aperçoit guère en Europe d'obligations de chemins de fer qui soient dignes d'inspirer une confiance parfaite. Les moins mauvaises sont peut-être celles du *Nord de l'Espagne* et du *Saragosse* qui, pendant la guerre, ont donné à leurs proprié-taires des satisfactions qui ne seront pas éternelles. Encore la marge des bénéfices de ces compagnies est-elle bien étroite, en sorte que le service des obli-gations se trouve à la merci du moindre incident politique ou économique. La prime au rembourse-ment est séduisante. Mais l'amortissement des em-prunts du Nord de l'Espagne a été suspendu long-temps, il importe de s'en souvenir. Et l'on sait aussi que le « convenio », faillite déguisée, est un vé-ritable produit de la terre espagnole. Quant aux obligataires des autres compagnies de la péninsule (*Andalous, Ouest de l'Espagne, Sud de l'Espa-gne,* etc...), ils ont passé par des épreuves doulou-reuses. C'est pourquoi, même pour les réseaux espagnols plus importants et plus prospères, mais dont la prospérité est bien récente et bien fragile, la plus grande circonspection est de rigueur.

Car on peut parfaitement se ruiner avec des obligations de chemins de fer de l'aspect le plus rassurant. Cette circonstance se présente même d'autant plus souvent que le public s'en laisse aisément imposer par des valeurs qui ont la réputation de valeurs de « père de famille » et ne regarde pas de très près à la qualité du gage. On aura même vu des compagnies sérieuses, exploitant un beau réseau, faire subir à leurs obligataires des pertes graves. Transposée des actions aux obligations, l'histoire des chemins de fer lombards, que nous avons résumée antérieurement, permet de voir comment, de sacrifice en sacrifice, des porteurs d'obligations peuvent être conduits à n'avoir plus en main qu'un titre réduit, par des concordats successifs, quant aux intérêts ou quant au capital et, quelquefois, quant aux deux.

La compagnie des chemins de fer lombards ou du Sud de l'Autriche a émis jadis en France la majeure partie de ses obligations à un taux supérieur à celui même des obligations similaires de nos grandes compagnies. Cela se passait en 1858, juste un an avant la guerre d'Italie. Le public français, à cette époque, n'a pas paru se douter un instant qu'il était invité à fournir des capitaux à une compagnie condamnée à perdre le meilleur de son réseau avant même de l'avoir exploité. La guerre de 1859 devait avoir en effet pour résultat la cession de la Lombardie au Piémont par l'Autriche vaincue, cession rapidement suivie de l'expropriation de la compagnie autrichienne. En sorte qu'on peut très bien imaginer un père de famille français, ayant placé ses économies dans les chemins lombards, et dont le fils, officier ou soldat, eût été tué à Magenta ou à Solférino pour

aider à fonder l'État italien qui devait s'empresser
de rançonner la compagnie.

Atteints déjà dans leur coupon par les impôts
autrichiens et français (le revenu n'était que de
13 francs au lieu de 15 pour les obligations
3 p. 100), les obligataires avaient dû, avant la
guerre, renoncer en outre au remboursement
de leurs titres à 500 francs. Après un essai de
remaniement des tables d'amortissement, l'amortissement lui-même avait été complètement suspendu en 1908 et, sous la menace de la faillite,
les créanciers avaient dû accepter en 1914 des
conventions, d'ailleurs compliquées, qui rédui-
saient le nominal de leur titre soit à 325 francs,
soit à 310 francs seulement, selon que la garantie
du gouvernement autrichien devait être accordée
ou non par le Parlement avant le 1er janvier 1915.
Les annuités payées par le gouvernement italien
pour le rachat des réseaux lombard et vénitien auraient formé le revenu nécessaire au service des intérêts et de l'amortissement d'une obligation sur
deux : c'était encore l'élément le plus stable sur
lequel les porteurs de titres pouvaient compter.
Mais la guerre est survenue et la dislocation de
l'Autriche-Hongrie s'en est suivie. L'Italie, la
Yougo-Slavie, l'Autriche allemande vont dépecer
ce malheureux réseau. Les actions n'ont plus
d'espoir. Les obligations elles-mêmes sont en
grand danger de subir de nouvelles et fortes
réductions. Il est difficile de calculer ce qu'il
leur restera. Et dire qu'en France elles figurent

encore dans la liste des valeurs admises pour les
remplois dotaux !

En ce qui concerne les actions comme en ce
qui concerne les obligations, on voit que l'exemple
des chemins de fer du Sud de l'Autriche est sai-
sissant. Il montre par quelles lentes dégradations,
de concordat en concordat, des entreprises sérieuses peuvent faire subir des pertes graves à
ceux qui leur ont accordé confiance, sinon même
les mener jusqu'à la ruine.

* *
*

Nous voici maintenant, avec les obligations des
chemins de fer américains, en présence d'un cas
qui n'est pas moins instructif, car il prouve à quel
point la prudence et l'information sont nécessaires
dans les placements et combien il importe de ne
pas suivre aveuglément les vogues.

Il y a environ dix ans, un économiste éminent,
renommé non seulement pour sa science mais
encore pour sa circonspection, rédacteur en chef
d'un journal hebdomadaire très répandu, commençait à engager l'épargne française à se porter
sur les obligations de chemins de fer des États-
Unis. Dans son *Art de placer et gérer sa fortune*,
M. Paul Leroy-Beaulieu résumait ses campagnes
et sa pensée en ces termes particulièrement pres-
sants et définitifs :

Les obligations des principaux chemins de fer américains
doivent être classées parmi les meilleures valeurs qui soient

au monde... Ces obligations ont l'avantage de fournir facilement 1/2 à 3/4 p. 100, sinon 1 p. 100 de plus de rénumération que celles de nos compagnies de chemins de fer, avec une durée parfois double.

Elles ont cet autre mérite que ces titres, en cas de grandes guerres au sein de l'Europe, seraient à l'abri des conséquences ou des répercussions de ces guerres, ce qui donne une sécurité précieuse...

Les obligations des principaux chemins de fer américains sont appelées à remplir, au xx° siècle, la fonction que tenaient au xix° siècle, les *Consolidés* britanniques, celle de valeurs de refuge par excellence, avec l'avantage très appréciable d'un intérêt rémunérateur... Les capitalistes avisés et les intermédiaires dégourdis peuvent, dès maintenant, s'occuper de ces placements très recommandables.

Des pronostics de M. Paul Leroy-Beaulieu, celui qui s'est réalisé le premier s'est réalisé à la lettre : les « intermédiaires dégourdis » se sont rencontrés tout de suite et en grand nombre pour saturer le public français d'obligations de chemins de fer américains. Plusieurs séries de ces obligations, de qualités très inégales, ont même été introduites sur le marché de Paris. Et certaines ont fait faire tout de suite des expériences ruineuses à l'épargne de notre pays.

D'abord, il s'était révélé, dès la crise orientale de 1912-1913, que le marché de New-York, qui, par lui-même est déjà d'une extrême sensibilité et sujet aux crises les plus graves, n'était nullement soustrait aux conséquences et aux répercussions d'une guerre européenne. De plus, il eût été sage de prévoir que les États-Unis étaient exposés à des difficultés particulières du fait de leur politique extérieure : effectivement, sur ces entrefaites, les événements du Mexique étaient venus aggraver la dépression. On devait considérer enfin la guerre aux trusts, c'est-à-dire l'inauguration d'une politique sévère et même malveillante à l'égard des grandes entreprises, comme un avertissement sérieux.

Non seulement, la nationalité américaine ne pouvait pas suffire à conférer à ces obligations, d'une manière absolue, le caractère de « valeurs de refuge » mais encore il eût fallu supposer que le public français était en mesure de discerner avec certitude, dans l'énorme variété des compagnies de chemins de fer créées aux États-Unis par le système de la concurrence illimitée, les compagnies prospères et réalisant des bénéfices réguliers. Les obligations des chemins de fer américains forment un fouillis aussi complexe que les réseaux eux-mêmes qui s'enchevêtrent à l'infini. D'abord il faut tenir grand compte de ce fait que les compagnies américaines n'amortissent pas leurs emprunts, comme le font les nôtres, au moyen de tirages annuels calculés d'après la durée de la concession : ce procédé, inspiré de l'esprit français de prudence et d'économie, ne convient pas à l'audace américaine. De plus les chemins de fer des États-Unis, étant, non pas concessionnaires mais propriétaires à perpétuité de leurs réseaux, sont libres de fixer, pour le remboursement en bloc de leurs emprunts, des dates extrêmement variables, et qui s'étendent des années immédiatement prochaines à l'année 2361 (*West Shore* 4 p. 100). Il est facile de se rendre compte que les administrateurs du West Shore se soucient fort peu de savoir à l'aide de quelles ressources cette dette, qui est de 250 millions de francs, pourra être remboursée dans quatre siècles et demi.

Autre différence avec les obligations de chemins de fer français et qui peut devenir une cause de mécomptes graves. Les obligations américaines ne sont pas, comme les nôtres, uniformément gagées sur l'ensemble des ressources de la compagnie. Elles ne sont même pas, comme les obligations de certaines compagnies espagnoles (*le Nord de l'Espagne*, par exemple) nettement classées suivant le rang hypothécaire. Il y a pour désigner les diverses sortes de gages qui leur sont affectés une nomenclature extrêmement compliquée et dont la complexité même suggère la pensée que les émetteurs ne seraient pas fâchés que le public pût s'y égarer. Ainsi il est bien certain qu'une première hypothèque est prise en faveur des obligations qui portent la mention *first mortgage*. Mais cette première hypothèque n'est pas toujours générale : elle ne s'applique souvent qu'à une partie du réseau, à un certain nombre de milles de voies ferrées (*division*) dont la valeur ne peut être connue que par l'étude approfondie du titre hypothécaire (*mortgage deed*) qui est en la possession de la banque émettrice. Il faut donc ne

pas s'en laisser imposer par la mention *first mortgage* pas plus que par la mention *prior lien*, qui
désigne bien, elle, une hypothèque de priorité
primant toutes les autres, mais qui ne s'applique
pas forcément à l'ensemble des propriétés de la
compagnie, comme des personnes inattentives
pourraient le croire, puisque certaines lignes
peuvent déjà avoir été l'objet d'une hypothèque
spéciale. De même le *general mortgage* est sans
doute une hypothèque générale qui embrasse
tous les biens de la compagnie, mais qui peut
être primée par des hypothèques particulières,
des « divisions » antérieurement constituées.
Quant à la mention de deuxième hypothèque,
toujours peu séduisante pour les prêteurs, il ne
faut guère s'attendre à la rencontrer, et moins
encore la mention de troisième hypothèque
(*second, third mortgage*). Celles-là sont désignées
par des termes infiniment plus vagues et par des
euphémismes plus engageants, comme ceux de
consolidated ou *blanket mortgage*. Et ce n'est pas
tout. La nomenclature ne finit pas là. Il y a le
refunding mortgage, qui désigne les emprunts
destinés au remboursement de dettes devenues
exigibles et à qui sont affectées les garanties de
l'emprunt antérieur (car presque toujours les
compagnies américaines contractent une nouvelle
dette pour en éteindre une ancienne.) Il y a le
collateral trust, qui est un gage constitué par un
dépôt d'actions ou d'obligations (généralement
d'une autre compagnie « contrôlée » par la com-

pagnie émettrice), dépôt qui est remis aux mains de *trustees* ou fidéicommis et dont la valeur est difficilement appréciable quand elle ne se trouve pas fictive. Enfin certaines obligations sont gagées sur le matériel roulant des compagnies, (*equipment mortgage bonds*), d'autres peuvent être échangées contre des actions à un cours déterminé (*convertible bonds*), d'autres n'ont aucun gage spécial (*debentures*). Si l'on veut bien songer qu'il n'y a pas moins de quarante compagnies américaines qui jouissent d'une certaine réputation et si l'on tient compte de ce fait que toutes ces compagnies ont contracté des emprunts des types les plus différents et les plus diversement gagés, on conviendra qu'à moins d'une initiation préalable et fort arduc, le capitaliste européen ne saurait puiser qu'au hasard dans l'énorme lot de ces obligations.

L'embarras du choix ne doit pas, cependant, constituer une raison suffisante pour écarter ces valeurs *a priori*.

Les rentiers américains ont un critérium qui leur permet de distinguer le bon grain de l'ivraie. Sont considérées comme offrant une sécurité incontestable les obligations qui figurent sur la liste des valeurs que les banques d'épargne des États (en particulier les banques d'épargne de l'État de New-York) sont autorisées à acquérir. Ces obligations offrent généralement des signes particuliers. Elles se capitalisent à un taux qui, en temps normal, est rarement supérieur à 3 1/2 ou 4 p. 100. Les fluctuations auxquelles elles sont sujettes se tiennent dans la limite de 10 p. 100 et elles jouissent d'un marché très large, en sorte qu'on peut toujours avoir la certitude de les réaliser à tout moment. Il va sans dire que, seul, le capitaliste européen qui est capable de lire des documents rédigés en anglais conformément au vocabulaire particulier de la finance américaine, pourra consulter lesdites listes avec profit et sans crainte de confusion, avant de passer un ordre d'achat. En d'autres termes cette lecture ne peut être faite que par des personnes munies d'une instruction financière supérieure.

Le fait que les banques d'épargne placées sous la surveillance des États sont autorisées à acheter des obligations de chemins de fer prouve donc qu'il y a de bonnes obligations aux États-Unis, des obligations qui possèdent même une sorte de garantie morale du gouvernement, comparable à celle que nous avons pour les obligations des chemins de fer français. En ce sens, M. Paul-Leroy-Beaulieu pouvait avoir raison de signaler les titres des principaux chemins de fer américains aux capitalistes européens désireux de diversifier leurs placements et de sortir des chemins battus.

Seulement, avec la hantise qui a été celle de tous les économistes et de tous les hommes d'affaires de sa génération, M. Paul-Leroy-Beaulieu, redoutant une baisse toujours plus accentuée du taux de l'intérêt, trouvait aux obligations américaines à long terme l'avantage d'assurer aux porteurs, pendant de nombreuses années et même pendant plusieurs siècles, un revenu moyen constant. Leur « durée », comme on peut le voir dans le texte que nous avons cité plus haut, durée « parfois double de celle des obligations françaises », lui apparaissait comme une de leurs meilleures recommandations. Convaincu que le loyer de l'argent devait fatalement descendre à 2 1/2, 2, 1 1/2, peut-être même 1 p. 100, M. Leroy-Beaulieu était porté à croire que les obligations américaines les plus dignes d'être recherchées étaient celles qui n'étaient remboursables qu'en 1997, en 2047 ou même en l'an 2361 comme les West Shore. L'homme prévoyant, selon lui, eût été celui qui eût assuré à ses héritiers, et aux héritiers de ses héritiers un revenu de 4 p. 100 pendant plusieurs siècles.

Ce raisonnement étant faux, comme nous l'avons montré, l'expérience nous a, au contraire, apporté la preuve que les obligations américaines les plus dignes d'attirer l'attention étaient celles dont le remboursement était le plus rapproché.

Nous pouvons voir, en effet, à chaque fois (et ces occasions ne sont pas rares) qu'une crise secoue le marché américain, les obligations dont le terme est proche rester presque insensibles à la baisse, ou leur sensibilité diminuer en raison de la proximité du terme. Reprenons des exemples que nous avons eu déjà l'occasion de citer plus haut. Les obligations 3 1/2 de la puissante compagnie *Pennsylvania Railroad*, de la série remboursable en

1912, ont été intégralement remboursées au pair l'année même où une première bourrasque devait assaillir les valeurs mobilières de tous les pays du monde. Supposons qu'un porteur de ces obligations eût employé son capital en obligations 3 1/2 de la même compagnie remboursables en 1915. Ces titres pouvaient s'obtenir alors à 97, c'est-à-dire trois points au-dessous du pair, ce qui représentait une prime au remboursement de trois francs pour cent francs à toucher au bout de trois ans, soit, avec l'intérêt à 3 1/2, un revenu total de 4 1/2 p. 100. Or, dès les premiers mois de 1914, ce capitaliste eût vu ses obligations approcher du pair (99 1/2 à 99 3/4) et il lui eût été d'ores et déjà possible de les arbitrer fructueusement contre des obligations de la même compagnie, à terme plus éloigné et dont les cours étaient bien moins élevés. Ou bien, en 1915, en pleine guerre, il fût rentré dans son capital, ce qui eût été une aubaine excellente.

Il est visible à l'œil le moins expérimenté que, pendant la baisse qui a sévi jusque sur les obligations américaines de premier ordre, les titres les plus résistants ont été ceux qui obéissaient à l'aimantation d'un remboursement prochain. On ne saurait que difficilement mettre en doute la sécurité qu'offrent, par exemple, les obligations 3 1/2 première hypothèque du *New York Central*. Elles constituent certainement, au point de vue de la solidité du gage, une des premières valeurs du monde : le seul fait de posséder gares et voies ferrées en pleine ville de New-York crée à cette compagnie un privilège de fait et la rend propriétaire de terrains d'une valeur colossale. Eh bien, ces obligations, après avoir jadis dépassé le pair, sont tombées aux cours de 83 et même de 82, et, pendant la guerre, se sont difficilement maintenues à 70 ou 71 parce qu'elles ne sont remboursables qu'en 1997, tandis que nous venons de constater la stabilité des cours des obligations Pennsylvania 3 1/2 1915, qui étaient aussi bonnes mais non pas meilleures et qui, dans les temps de hausse, se tenaient au même niveau que les New York Central. Cependant d'autres obligations du type 3 1/2, par exemple les *Baltimore and Ohio* remboursables en 1925 se tenaient à 86, quoique émanant d'une compagnie dont la prospérité est beaucoup moins bien établie que celle du New York Central et dont la gestion est pour ainsi dire plus aventureuse. Et parmi des valeurs qui passent, d'après la classification de M. Paul Leroy-Beaulieu lui-même, pour n'être que des « valeurs d'appoint », on remarque que les *Chicago Burlington and Quincy joint bonds* 4 p. 100 remboursables en 1921 valent 93, presque autant que les *Pennsylvania Railroad* 4 p. 100 remboursables en 1923, titre de toute première classe, tandis que les *New York Central* 4 p. 100, remboursables en 1934 seulement, soit treize ans plus tard, se tiennent à plusieurs points au-dessous de ces cours.

Il serait fastidieux de multiplier ces exemples. Mais la conclusion qui s'impose c'est que les obligations des chemins de fer américains peuvent

constituer pour le capitaliste diligent un véritable
clavier dont le maniement lui permet soit d'avoir
de bonnes chances de stabiliser toute une partie de
son portefeuille, soit de s'assurer à date fixe des
rentrées d'argent, ce dont il aura lieu de se féliciter en temps de crise. On s'en rend bien compte
dans les milieux informés. Durant la « crise de
confiance » de 1914, un peu avant la guerre, on
signalait de Londres que beaucoup de personnes
bien inspirées, lasses de laisser leurs capitaux sté-
riles et se refusant toutefois à opérer des placements définitifs, recherchaient les « notes » à très
court terme émises pour les besoins courants des
compagnies américaines. Ainsi conçues, on peut
dire que les obligations américaines constituent
des « valeurs de refuge ».

Mais il est à craindre que l'expérience malheu-
reuse que le public français vient de faire avec
les obligations américaines qui lui ont été appor-
tées en France même, ne la détourne pour longtemps de ces valeurs. En effet les intermédiaires
que convoquait M. Paul Leroy-Beaulieu n'ont pas
été très regardants quant à la qualité des titres
que l'Amérique les chargeait d'introduire chez
nous. On a donc fait absorber pêle-mêle à notre
épargne des titres de premier ordre comme les
Pennsylvania 3 3/4 p. 100; des titres que les
Américains eux-mêmes classent dans une catégorie
secondaire telles que les *Cleveland Cincinnati*
4 p. 100, quoique appartenant encore à une compagnie qui distribue des dividendes; et enfin des

titres tout à fait aléatoires sinon même franche-
ment mauvais et dont l'émission a constitué une
escroquerie, telles que les *Saint Louis and San
Francisco* dont les intérêts ont cessé d'être payés
trente mois après leur introduction sur le marché
de Paris. Si l'on pense qu'avec cela, ces valeurs,
selon la méthode que nous avons déjà décrite et
qui constitue un abus insupportable, ont été émises
en France à un prix bien supérieur à celui que
valaient, en Amérique même, des titres des mêmes
compagnies jouissant de gages supérieurs, on
comprendra que le public français, après un instant
d'engouement, ait ensuite condamné en bloc toutes
les obligations américaines. Après la suppression
de paiements du Saint Louis and San Francisco,
les poursuites contre la compagnie *New York New
Haven* ont renforcé cette défaveur. Toutefois, il ne
faudrait pas confondre des obligations garanties
par le *Pennsylvania Railroad*, puissant organisme
qui offre, bon an mal an, une marge de bénéfices
nets de 100 ou 150 millions de francs, avec des
titres sans consistance. On a même vu les obligations *Pennsylvania* cotées à Paris et remboursables
en 1921 descendre à des cours beaucoup plus avantageux que les obligations de la même compagnie
cotées à New-York. Voilà de ces occasions qu'il
fallait savoir saisir.

En résumé, les obligations des chemins de fer
américains sont des titres qu'on ne peut acquérir
qu'après une étude sérieuse, une sélection sévère
et en parfaite connaissance de cause. A ces condi-

tions elles peuvent donner des sujets de satisfaction aux porteurs et même, on l'a vu par les exemples et les faits que nous avons cités, pour les obligations à court terme ou à remboursement prochain, constituer une sorte d'assurance contre les risques de dépréciation que les fortunes sont exposées à courir.

**

Restent les obligations des chemins de fer exotiques. Nous pourrions compter sur nos doigts celles qui n'ont pas — ou, pour parler plus prudemment, celles qui n'ont pas encore — causé de déboires à leurs propriétaires.

Nous ne prendrons qu'un seul exemple : celui des obligations 4 p. 100 des chemins de fer nationaux du Mexique.

Émises à Paris, à un cours voisin du pair, au moment où le Mexique, sous la dictature de Porfirio Diaz, semblait entré au nombre des États dont la prospérité est stable, ces obligations jouissaient de fort beaux gages. Une hypothèque sur un réseau déjà productif, renforcée par une garantie formelle du gouvernement mexicain, avec engagement de payer les intérêts et de rembourser le capital en or, toutes ces conditions rendaient le titre séduisant. Mais qu'est-il resté de l'hypothèque lorsque la guerre civile a interrompu le trafic, détruit les lignes et les travaux d'art sur de nombreux points ? Qu'est-il advenu de la garantie du gouvernement mexicain lorsque-ce gouvernement a cessé de pouvoir faire face à ses engagements directs ? Le paiement des intérêts a été suspendu et les cours sont tombés à 150 francs au-dessous du pair... Les obligations des chemins de fer mexicains pourront connaître des jours meilleurs. Tout le profit sera, dans cette hypothèse, pour ceux qui auront osé acheter au bon moment et dans les bas cours. Ce cas est celui qui s'était déjà présenté pour les obligations concordataires des chemins de fer de Santa-Fé, compagnie qui, après avoir touché le bord de la ruine, s'est brillamment relevée mais semble menacée de nouveau, comme tous les chemins de fer argentins et sud-américains.

Les obligations des chemins de fer exotiques peuvent donc être exceptionnellement intéressantes comme valeurs spéculatives pour des capitalistes très attentifs et libres de leurs mouvements. C'est une duperie de les considérer comme valeurs de placement. Il est d'ailleurs absurde de se laisser tenter par un revenu de 5 p. 100 et même de 6 p. 100, si l'on veut bien réfléchir à ceci que les compagnies ou les États qui offrent ce taux d'intérêt au prêteur français ne trouvaient pas d'argent chez eux à moins de 8, 10 ou 12 p. 100. Il faut espérer que le jour viendra où l'éducation financière de l'épargne française sera assez avancée pour que, à défaut de la surveillance de l'État français, le scandale de ces émissions, qui aboutissent souvent, dans l'espace de quelques mois, à des pertes graves, ne se reproduise plus.

Pour finir, nous mettrons en garde contre une mention qui est parfois un principe d'erreur. Les prospectus d'émission insistent, chaque fois qu'ils peuvent le faire, sur les subventions que des États, des provinces ou des villes se sont engagés à fournir pour assurer le service des obligations de chemins de fer étrangers. Une société civile est même fréquemment, par surcroît de sécurité, formée par les obligataires pour recueillir ces subventions. Ce qu'on ne dit pas, c'est que ces garanties sont la plupart du temps subordonnées à l'accomplissement de diverses conditions, telles que la construction de la ligne dans un délai fixé, faute de quoi l'État garant se trouve délié de ses engagements en tout ou en partie. C'est le cas qui vient de se produire — sans aller dans l'Amérique du Sud — pour certains *chemins de fer en Toscane*, soi-disant garantis par le gouvernement italien.

Et l'État garant aurait bien souvent besoin d'être garanti lui-même. Que pouvait valoir, par exemple, l'engagement pris par le gouvernement de l'Équateur de suffire à toutes les défaillances de la compagnie fondée pour exploiter les chemins de fer de ce pays? Moins que rien. Il est à craindre, cependant, que ce mot magique de « garantie » n'ait induit bien des épargnants français à opérer ce placement ruineux.

*
* *

Durant quatre années de guerre où les emprunts des grands États ont drainé tous les capitaux disponibles, les compagnies de chemins de fer du monde entier n'ont pas pu faire appel au crédit. Elles vont regagner le temps perdu. Devant la masse des obligations offertes, le capitaliste ne sera jamais trop méfiant.

Les chemins de fer français seront les premiers à servir. Ils ont déjà besoin de sommes colossales qu'il est malaisé d'évaluer même approximativement. Le robinet des émissions sera longtemps ouvert, sauf pour les heureuses compagnies rachetées comme celle de l'*Ouest* et celle de l'*Est-Algérien*.

Par le nouveau régime ou les nouvelles conventions qui devront forcément intervenir pour les chemins de fer français, le gage des obligations sera-t-il diminué ou accru? Le public fera bien d'y veiller. Quant aux chemins de fer étrangers, il importera d'être infiniment plus attentif et plus méfiant encore.

CHAPITRE XI

On attribuait jadis ce mot au baron Alphonse
de Rothschild. Lorsque des gens du monde le
consultaient sur l'emploi de leurs capitaux, il
répondait invariablement : « Voulez-vous bien
dormir et mal manger? Achetez des fonds d'État
sérieux, des obligations, de la rente. Voulez-vous
bien manger et mal dormir? Achetez des valeurs
industrielles. »

Cette manière de présenter les choses correspondait à la situation du marché des capitaux
telle qu'elle existait voilà un quart de siècle environ. Les excès que nous avons vus en ces dernières années n'avaient pas encore été commis.

Les anciennes habitudes de modération, de prudence, et même de légitime méfiance qui sont
propres aux classes moyennes de notre pays restaient en honneur. C'est pourquoi il était d'usage
d'attribuer aux valeurs représentant des capitaux
engagés dans l'industrie une autre capitalisation
que celle des valeurs à revenu fixe. Le loyer de
l'argent étant de 3 p. 100 pour les valeurs à revenu
fixe, c'était toujours un intérêt de 5 p. 100 qui
était demandé, pour le moins, aux valeurs industrielles, indépendamment des chances de plus-
value, et en compensation des risques à courir.
En ce sens le vieux baron de Rothschild dépei-
gnait très exactement la situation du porteur de
valeurs à revenu fixe d'autrefois, réduit à la portion congrue mais qui se croyait assuré d'avoir
toujours cette portion, et le porteur de valeurs
industrielles, touchant des dividendes quelquefois
copieux mais aléatoires.

On a changé tout cela. D'abord il est apparu
que les porteurs de valeurs à revenu fixe, malgré
les sacrifices qu'ils avaient consentis sur leur revenu
pour assurer la sécurité de leur capital, étaient
exposés comme les autres à la ruine ou au moins
à de graves diminutions de leur patrimoine. Ensuite les valeurs industrielles ont été l'objet d'un
tel engouement que la plupart d'entre elles, surtout parmi les plus célèbres, ont été capitalisées à
un taux inférieur à celui des obligations ou des
fonds d'État les mieux garantis. On a vu, par
exemple, l'action du canal de Suez s'établir à des

cours qui la capitalisaient à 2 1/2 p. 100 environ, les grands charbonnages français, dont quelques-uns ne devaient pas tarder à être dévastés par l'invasion allemande, se capitaliser à moins encore. Pendant la guerre, les mêmes excès se sont renouvelés mais sur une échelle beaucoup plus vaste. Il n'a pas été rare de voir les titres d'entreprises favorisées par leur situation géographique ou par les bénéfices exceptionnels que leur apportaient les circonstances monter à des cours auxquels ils donnaient un revenu moindre que les meilleures valeurs à revenu fixe.

Rien n'est plus déraisonnable. Le sort des valeurs industrielles dépend de multiples circonstances dont l'appréciation échappe à l'homme incompétent. Pour une qui prospère, dix végètent ou disparaissent. Le public est frappé de l'étonnante prospérité de quelques-unes d'entre elles. Il est porté à croire que toutes les valeurs similaires sont promises au même succès. Il retient l'exemple des fortunes qui se sont faites sur certaines entreprises, et il oublie tous les cas de faillite et de ruine, infiniment plus nombreux. Ainsi les épargnants français, éblouis par le canal de Suez, avaient souscrit avec confiance et sans y regarder de plus près aux actions du canal de Panama, parce que l'affaire, lancée par le même homme, semblait identique. Il faut donc être en garde contre les fausses analogies.

Les charbonnages français de la région du Nord ont rendu millionnaires les familles qui y étaient intéressées depuis l'origine. On ne tient pas compte des risques courus par les premiers participants des sociétés de Bruay, de Lens, ou du fameux « denier d'Anzin ». Ceux qui sont tombés du premier coup sur le bon gisement, qui a donné mille pour un, sont le très petit nombre. C'est ce qu'on appelait dans notre vieux langage trouver la pie au nid. Nous connaissons un capitaliste lillois qui est un des gros actionnaires de l'opulente société de Bruay. Quand on le félicite de sa perspicacité, il ne manque jamais de répondre : « Bruay m'a simplement rendu ce que, les miens et moi, nous avons exposé et perdu ailleurs. Si nous avions placé en terres ou en rentes tout l'argent que nous avons enfoui dans des recherches de filon, des prospections, des mines mort-nées, je serais peut-être aussi riche qu'avec mes actions de Bruay. Seulement nous avons produit. »

Cette observation montre la part du capital dans la création de la richesse et détruit les thèses du socialisme sur le parasitisme capitaliste. Elle montre aussi la part de risque qui est attachée à l'industrie et que compensent les bénéfices.

C'est pourquoi il y a une différence considérable entre l'industriel qui dirige lui-même son usine, influe par son intelligence et son activité sur la marche des affaires, et l'actionnaire qui attend le dividende au coin de son feu, ignorant tout, la plupart du temps, de l'entreprise à laquelle il est intéressé. L'acheteur ou le souscripteur ordinaire de valeurs industrielles devra donc toujours suivre les conseils suivants :

1° Les valeurs industrielles, comportant des aléas de tout genre, ne peuvent entrer que dans les portefeuilles abondants et bien garnis. Les personnes d'une situation modeste commettraient toujours une grosse imprudence en leur donnant une autre part que celle du billet de loterie.

2° L'imprudence inexcusable, qui confine à l'impéritie, consiste à mettre la totalité ou la majeure partie de son avoir dans une ou deux valeurs industrielles ou dans la même catégorie de valeurs. Les exemples abondent d'industries tuées par une invention nouvelle ou par tout autre cas fortuit.

3° Observer toujours la plus vive méfiance à l'égard de la réclame et de la publicité qui sont faites autour d'une entreprise industrielle. Le capitaliste est rarement en état de juger par lui-même des possibilités de développement d'une industrie. Des quantités d'intermédiaires sont intéressés à le tromper. La lecture même des bilans ne renseigne pas toujours d'une manière infaillible ceux qui croient savoir les lire. A moins d'une intuition spéciale et géniale, le moyen le plus sûr de connaître le fort et le faible d'une affaire, c'est d'en être. Seules les personnes qui ont des relations loyales et sincères dans le conseil d'administration d'une société pourront suivre avec fruit les conseils de cet administrateur ami. Il y a en France des industries prospères dont les actions et la direction sont pour ainsi dire en famille. Dans tou les autres cas, le capitaliste marche au hasard.

4° Pour les valeurs non plus achetées en banque ou en Bourse, mais souscrites à l'émission, la méfiance doit être la même. Pourtant, il importe de retenir d'une manière invariable et absolue cette distinction essentielle : une entreprise de grande envergure et qui fait appel au crédit public pour des sommes considérables peut être bonne et avoir de l'avenir ; une petite entreprise qui cherche quelques millions ne peut être que mauvaise, sauf un hasard extraordinaire. Il est exceptionnel qu'une petite affaire vraiment bonne ait recours à une émission d'actions par la voie de la presse et la distribution de prospectus. Elle trouvera des commanditaires dans un groupe ou chez des banquiers intelligents ; ou bien ses propriétaires la garderont pour eux et leurs proches sans offrir de partager leurs bénéfices avec des actionnaires inconnus, ce qui serait de la pure philanthropie. Si par hasard l'affaire lancée dans le public est vraiment sérieuse, le fondateur passe la main en gardant la part du lion et en grevant la nouvelle société de telle sorte que le dividende s'évanouit.

5° Toute entreprise atteint, à un moment, son apogée. Ensuite vient la décadence. C'est une loi de ce monde. Pour quelques valeurs que l'on cite (toujours les mêmes parmi des milliers) et qui, pendant trente, quarante, cinquante années et plus n'ont cessé d'enrichir les familles qui les possédaient, combien, après une période d'éclat, sont retombées dans la médiocrité d'une existence diffi-

cile en attendant la fin! Rien n'est éternel. De nou-
velles habitudes, les transformations des goûts et
de la société, une disposition législative, parfois un
simple arrêté préfectoral suffisent à transformer
une brillante affaire en affaire médiocre, sinon à la
ruiner. Des exemples comme ceux du *Petit Journal* qui ne s'est pas encore relevé d'un événement
politique, de la *Compagnie Richer*, des *Bateaux Parisiens*, des *Bouillons Duval*, viennent immédiatement à l'esprit. Telle industrie, brillamment
conduite par l'homme qui l'a créée ou relevée,
végétera, après sa mort, entre les mains de ses
successeurs. Sans doute rien n'est plus difficile
que d'apprécier le moment où une affaire ne peut
plus que décroître. C'est une question de juge-
ment personnel et de flair. Mais l'heureux possesseur d'une valeur industrielle qui a beaucoup
monté est presque toujours bien inspiré en réalisant et en consolidant la plus-value. *Le bénéfice que
vous ne prendrez pas vous-même, les événements se
chargeront de vous le prendre un jour.* Cet axiome
reçoit de l'expérience des vérifications quotidiennes.

6° Étant donné ce principe, rien n'est pire que
de courir après son argent par le système des
« moyennes ». Certaines personnes, voyant bais-
ser la valeur qu'elles possèdent, rachètent des titres
pour se faire, dans l'ensemble, un cours moyen
et compenser leur perte. Ce calcul, sauf exceptions motivées, est puéril. C'est de la spéculation
à l'aveuglette. Si la valeur est bonne, elle remon-

tera. Si elle ne l'est pas, il est absurde de vous en charger davantage. D'ailleurs, à part les cas de force majeure, si vous n'avez pas prévu la baisse de votre valeur, c'est que vous étiez mal renseigné sur elle. Demandez-vous bien si vous l'êtes mieux à présent.

7° Les inventions qui ont apporté le développement industriel du XIXᵉ siècle ont donné lieu à la formation de grandes sociétés anonymes qui ont enrichi leurs premiers possesseurs. Tel a été le cas des chemins de fer, du gaz, etc... D'après ce précédent, on a tendance à croire que l'exploitation des inventions nouvelles produira les mêmes effets. Mais l'État ou les municipalités, en livrant cette exploitation à des sociétés concessionnaires, ont bien soin aujourd'hui de limiter d'avance leurs bénéfices. L'électricité, le Métropolitain n'ont pas enrichi leurs actionnaires. La télégraphie sans fil non plus, même en Amérique, quoique les *Marconi* n'aient peut-être pas dit leur dernier mot. Mais il serait prudent à l'avenir de ne plus se faire d'illusions à cet égard. En règle générale, la société du XXᵉ siècle n'admettra plus que des services d'utilité publique donnent des dividendes aux particuliers. Et ces dividendes apparaîtront un jour, qui n'est peut-être pas éloigné, comme aussi monstrueux que les péages du temps jadis.

***

Si une grande circonspection s'est toujours recommandée à l'égard des valeurs industrielles, la même prudence s'imposera encore après la guerre. Les capitaux seront sollicités de toutes parts. Les promesses les plus alléchantes ne feront pas défaut. Les capitalistes, éprouvant le besoin d'accroître un revenu souvent diminué et devenu insuffisant par la cherté de toutes choses, auront besoin de beaucoup de lumières pour ne pas se tromper.

Ce n'est pas que nous détournions systématiment la fortune française, suivant le système si justement reproché aux grands établissements de crédit, de commanditer l'industrie de notre pays qui aura besoin de capitaux si l'on ne veut pas que la mise en valeur des ressources nationales reste un vain mot. La participation à des industries prospères est un des moyens par lesquels les patrimoines éprouvés pourront se reconstituer. A une condition toutefois : c'est qu'ils ne suivent que des guides probes et sérieux. Nous avons vu, depuis quelques années, des groupes de banquiers honnêtes et actifs pousser au développement industriel de plusieurs régions de la France, en particulier celles de Nancy et de Grenoble. Les capitalistes qui les ont écoutés n'ont eu, la plupart du temps, qu'à s'en féliciter. Il y a là une question de confiance personnelle fondée sur l'expérience et les services rendus. Il est hautement souhaitable que, partout en France, la banque collabore avec l'industrie et le capital en y mettant la même probité et la même intelligence. L'avenir et le salut du pays sont là.

On escompte pour les années à venir un renouveau prodigieux de la vie économique. Ce renouveau est dans la nature des choses, car, de tous
côtés, après l'effroyable crise de la guerre, le besoin en produits manufacturés sera immense. Toutefois la concurrence sera âpre entre les nations.
Les crises déterminées par la situation financière
et monétaire des divers pays belligérants seront
fréquentes et redoutables, entraînant avec elles
des krachs et des faillites. En outre, et surtout,
l'industrie devra faire une part de plus en plus
large à son personnel ouvrier. L'augmentation des
salaires et la réduction des heures de travail pèse-
ront sur les bénéfices. La journée de huit heures,
considérée jadis comme une revendication extrême
qui devait mettre la production en péril, sera
bientôt un minimum. Il y a des syndicats d'ouvriers anglais qui demandent déjà la semaine de
trente heures. En attendant qu'un équilibre s'éta-
blisse ou qu'une réaction salutaire contre la « vague
de paresse » se produise, l'industrie subira de
violentes secousses.

Il est d'ailleurs probable que la concurrence
universelle incitera certains pays où le travail-
leur est sobre et peu exigeant à produire plus que
les autres. Les rivalités économiques n'en seront
que plus terribles. Il n'est peut-être pas absurde
d'imaginer que la Chine, par exemple, où la main-
d'œuvre est abondante et bon marché, s'indus-
trialise sous l'influence européenne, américaine
ou japonaise. Ce serait alors une « invasion jaune »

d'un genre imprévu. Sans aller jusqu'en Chine, on peut redouter qu'une Allemagne travailleuse n'écrase les marchés. L'avenir de l'industrie française dépend non seulement de l'effort qui sera fourni par les individus mais de l'esprit public et des méthodes du gouvernement.

Bien d'autres hypothèses peuvent être faites sur les difficultés qui attendent l'industrie. En tout état de cause, ce qu'il ne faut pas perdre de vue, c'est l'invincible mouvement qui emporte le xx° siècle vers de nouveaux rapports du capital et du travail et de nouvelles formes de la vie économique et sociale. Ces formes seront profondément différentes de celles qu'a connues le siècle précédent, au commencement de la grande industrie, qui fut l'âge d'or du capitalisme.

La régie et même peut-être la nationalisation des mines sont un phénomène avec lequel il faudra principalement compter, dût-il être passager. La tendance actuelle est de négliger les risques courus par le capital qui a mis en valeur les exploitations minières pour considérer qu'il n'est pas juste que des richesses naturelles, extraites de la terre par le travail humain, profitent à des particuliers. De plus en plus, l'État prélèvera donc une part sur les bénéfices. Les mines nouvelles seront ainsi, dans l'avenir, condamnées à un médiocre rendement jusqu'à ce que, les capitaux ne se trouvant plus pour faire les frais d'exploitations nouvelles, on leur rende la liberté.

Les charbonnages français de la région du Nord

ont une haute réputation méritée par la richesse de leurs gisements. Mais l'erreur qui consiste à croire qu'ils valent tous Anzin a entraîné plus d'une déception. Plusieurs d'entre eux, et des meilleurs, ont souffert de la guerre et des dévastations allemandes. C'est, par exemple, le cas de *Courrières*. Il faudra des sommes énormes et du temps avant que leur exploitation normale puisse reprendre. Certaines personnes croiront peut-être qu'avec la paix les dividendes d'avant 1914 vont immédiatement reparaître. Avant d'effectuer des placements de cette nature, elles seront sages de se renseigner avec soin.

Dans leur immense variété, les mines de toutes sortes ont un trait commun : c'est qu'elles sont sujettes à s'épuiser. C'est ainsi qu'on a vu mourir, dans ces dernières années, plusieurs mines, notamment de cuivre, jadis prospères. Les professionnels sont renseignés sur la durée des gisements. C'est une chose que le grand public ignore ou connaît mal. Faute d'être informé, on s'expose donc à des surprises désagréables.

Les mines d'or ont une durée particulièrement brève qui, parfois, n'excède pas une dizaine d'années. Ainsi s'explique qu'elles se capitalisent parfois à 8 et 10 pour 100. Les personnes qui sont séduites par ce gros revenu apparent ne se doutent pas, au premier abord, qu'il s'agit d'un revenu éminemment passager et périssable.

Les actions des mines d'or sont surtout des valeurs spéculatives. Elles ne peuvent être touchées

avec profit que par les personnes renseignées, qui
suivent la Bourse de près et qui manient et rema-
nient constamment leur portefeuille. Leur caractère est très bien illustré par cette chose vécue.
Il y avait une fois un savant économiste qui
employait sa science à la bonne administration de
ses biens. Cet économiste avait une parente dont
le pécule était modeste et il avait promis de lui
donner, à la première occasion, un conseil de
placement profitable. L'économiste tint parole.
Ayant été des premiers à discerner l'avenir des
mines d'or du Transvaal, il fit signe à sa cousine.
Et les mines d'or montèrent, montèrent. Le jour
vint où l'économiste expérimenté jugea que l'ascension était suffisante et même excessive et il
réalisa son bénéfice. Cependant il avait oublié sa
parente. Et les mines d'or redescendirent aussi
vite qu'elles avaient monté. Après le *boom* ce fut
le *krach*. Après avoir touché la fortune, la pauvre
femme fut ruinée.

Cette histoire vraie montre que, pour se porter
sur certaines valeurs, il faut être un spécialiste et
même, dans toute la force du terme, un savant.
Elle prouve aussi la vérité de l'axiome que nous
avons énoncé plus haut : tout bénéfice qu'on ne
prend pas soi-même, les événements se chargent
de le prendre. A combien d'autres valeurs que les
mines d'or qui ont eu une prospérité éphémère, à
combien de sociétés de caoutchouc, de pétrole, de
soie artificielle, etc... s'appliquerait l'anecdote que
nous venons de raconter !

Il n'y a pas de progrès indéfini. Toute entreprise atteint un jour sa limite. On pourrait faire une liste nécrologique de celles qui passaient jadis pour être hors de pair. Souvent aussi une valeur vit encore sur sa vieille réputation alors qu'elle porte déjà en elle-même le principe de son dépérissement.

Un mot, pour finir, de la reine des valeurs industrielles, qui est le *Canal de Suez*. Ses actions et ses titres divers (parts de fondateur, société civile, obligations) jouissent de la faveur la plus légitime. L'actionnaire de cette puissante compagnie est l'associé d'une compagnie plus puissante encore : l'Angleterre, qui possède les 176000 actions vendues par le prodigue Ismaïl en 1875 et que le gouvernement français négligea d'acheter. Comme le disait alors le *Times* : « La position d'une compagnie dont le propriétaire principal est la première puissance maritime et coloniale du monde est tout autre chose que celle d'une compagnie composée d'une multitude de petits actionnaires français. Toute éventualité qui porterait atteinte aux droits de la compagnie trouvera devant elle, non plus une faible association d'actionnaires, mais toute une nation qui peut se faire respecter. »

C'est pourquoi, pendant la guerre, malgré la réduction du trafic et des dividendes, les titres de Suez se sont maintenus à de hauts cours. Pour protéger le canal menacé par les Allemands, l'Angleterre a fait un effort considérable. Placée sous la sauvegarde de l'Empire britannique, entourée de garanties internationales, cette propriété privée possède des privilèges exceptionnels, indépendamment de ses propres causes de prospérité.

Il est probable qu'avec la reprise de l'activité maritime dans le monde, les recettes du canal de Suez ne tarderont pas à regagner leur niveau d'avant la guerre. On peut même entrevoir des bénéfices encore plus considérables avec la mise en valeur de la Mésopotamie et de l'Arabie, le développement de l'Afrique du Sud, etc....

On n'oubliera pas, cependant, que le canal de Suez lui-même sera soumis tôt ou tard à la loi commune qui veut que tout change et que tout meure. Sans doute aucune concurrence, ni par voie de terre ni par le canal de Panama, ne le menace sérieusement. La victoire de l'Allemagne lui eût porté un coup redoutable. Ce péril n'existe plus. Le canal semble assuré d'une longue tranquillité.

Et pourtant, qui sait?

Qui sait si, un jour, le réveil des nationalités, après avoir embrasé l'Europe orientale, ne s'étendra pas à l'Orient proprement dit? L'occupation de l'Égypte par les Anglais se heurte déjà à un nationalisme égyptien capable de devenir la source de grosses difficultés. Et qui sait aussi, dans un autre ordre d'idées, si les transports aériens ne sont pas appelés à prendre une extension imprévue? C'est une idée qui commence à rencontrer moins d'incrédules qu'hier, puisque les gouvernements se préoccupent de réglementer la navigation aérienne.

Admirables valeurs, les actions du canal de Suez ne doivent pas être regardées comme un mol oreiller sur lequel les porteurs actuels, ou du moins leurs enfants, pourront éternellement dormir.

**

Le public est en général peu informé de la nature réelle des valeurs industrielles qui sont en circulation. Il ne doit pas perdre de vue, cependant, que le *nominal* de l'action se distingue de son *cours en Bourse*. Prenons par exemple une action du canal de Suez au nominal de 500 francs. C'est à 500 francs que sera remboursée chaque action d'après le tirage au sort. En outre le porteur reçoit une action de dividende ou de jouissance.

La différence entre ce capital de 500 francs et le cours de Bourse, généralement représentée à peu de chose près par le cours de l'action de jouissance, est ce que les Anglais appellent « de l'eau », c'est-à-dire une estimation des bénéfices de l'entreprise. Mais, à la liquidation finale (fin de concession, par exemple, pour le canal de Suez), les actionnaires ne sont nullement certains de retrouver cette valeur dans l'actif de la société, actif qu'ils auront à se partager. C'est le cas que nous avons vu pour les mines à épuisement rapide dont l'actionnaire doit amortir lui-même le capital. C'est un fait que beaucoup de personnes perdent de vue et qui les expose à des surprises désagréables.

Les *parts de fondateurs* ne doivent être acquises qu'à bon escient. En premier lieu, elles n'ont aucun droit sur l'actif social mais seulement sur les bénéfices. Elles ne sont donc que « de l'eau ». En second lieu, leur participation aux bénéfices varie selon les statuts de la société. Parfois, mais pas toujours, le dividende des parts croît beaucoup plus vite que celui des actions. Les personnes informées sont au courant et à l'affût de ces particularités.

Les augmentations de capital des entreprises prospères donnent souvent lieu à des manœuvres que nous devons signaler. Les administrateurs font une publicité réduite pour écarter autant que possible les actionnaires de la souscription et user de leur droit à leur place. La publicité est toujours considérable pour les valeurs mauvaises ou médiocres. Elle est presque secrète pour les bonnes. Aux porteurs de s'occuper de leurs affaires et de les suivre avec attention. Il n'y a pas de philanthropie en affaires.

CHAPITRE XII

LES OBLIGATIONS INDUSTRIELLES

Ce genre de placement peut être fort recommandable. — Il est de très bonnes obligations industrielles, mais toutes ne sont pas bonnes. — Comment les distinguer. — Nécessité de les diversifier et de ne pas se cantonner dans une seule branche d'industrie. — Les bons 6 p. 100 et les prochaines émissions de l'industrie française. — Des titres de premier ordre et peu connus : les obligations des services municipaux américains. — Leurs avantages et leurs garanties. — Comment les choisir et comment les acheter.

Les obligations des grandes sociétés industrielles, quand elles sont gagées sur l'actif d'entreprises prospères, peuvent être des valeurs excellentes. La cote de la Bourse de Paris, de Lyon et de Marseille en présente une grande variété. Il s'agit seulement de savoir choisir.

Les observations que nous avons faites au sujet des actions industrielles s'appliquent encore ici, mais avec moins de force et plus de largeur. Des sociétés capables de réserver des mécomptes à leurs actionnaires peuvent offrir des garanties de premier ordre à leurs obligataires.

L'ancienne *Compagnie des Omnibus*, dans les
années pénibles de sa fin de concession, a tenu
fidèlement tous ses engagements. C'est que, si
son exploitation était devenue difficile, ses gages,
représentés par le terrain de ses dépôts, restaient
sûrs. Actuellement, les actions du *Métropolitain*
ne constituent pas un placement recommandable.
Mais les obligations de la même société offrent de
bonnes garanties.

Les obligations industrielles judicieusement
choisies sont un élément digne de composer la
fortune des personnes prudentes. Il faut se souvenir cependant que le nom d'obligation n'est pas
par lui-même une assurance contre tous les risques.
En cas de faillite, les obligataires viennent à leur
rang parmi les créanciers, à moins qu'ils n'aient
reçu une hypothèque spéciale. Il va sans dire que
les obligations munies d'une première hypothèque doivent toujours être préférées à celles de
la seconde ou de la troisième série à moins qu'il
ne s'agisse, par exemple, du *Canal de Suez*, dont
les obligations ont toutes la même sécurité quelle
que soit leur série.

Les obligations industrielles participant aux
vicissitudes de l'industrie, il importe donc de ne
rechercher que les titres de sociétés connues pour
leur prospérité et leur bonne gestion. Il est fré-
quent d'ailleurs que ces sociétés, lorsqu'elles empruntent de l'argent, s'adressent d'abord à leurs
propres actionnaires et leur réservent le droit de
souscrire. Il est clair que les obligations d'affaires

comme les *Aciéries de la Marine* ou le *Creusot*
sont des titres de premier ordre. Leurs pareils
pourraient se compter assez vite.

Il est à conseiller surtout aux personnes qui
affectionnent ce genre de placements, de les diversifier et de ne pas s'exposer à suivre le sort d'une
seule branche d'industrie qui peut, à un moment
donné, être atteinte par une crise. Nous en avons
un exemple avec les sociétés d'éclairage et de
chauffage par le gaz qui sont presque toutes
frappées. La même remarque peut s'appliquer aux
compagnies françaises de transports maritimes,
dont l'avenir est encore obscur, et qui ont passé
par des jours si difficiles avant leur faveur récente.

Les sociétés industrielles, pendant la guerre,
ont fait au crédit des appels tentants sous la forme
de bons à 6 p. 100 nets d'impôts qui ont procuré,
en général, un bénéfice aux souscripteurs. Il
est probable que, dans la période de reconsti-
tution économique qui se prolongera après la
guerre, ces appels au crédit vont se multiplier. Il
ne faudrait pas croire que toutes les obligations à
gros rendement qui seront offertes présenteront
autant d'avantages et il ne faudra pas les prendre
les yeux fermés avec une égale confiance, ni se fier
à la réclame. Un prospectus a tôt fait de présenter
comme des garanties de premier ordre des terrains nus ou des installations hors d'usage. En
outre, les conditions de l'industrie française après
la guerre resteront fort incertaines, et il est fort
possible que, pendant une période de transition,

les entreprises qui ne reposent pas sur des bases très solides soient dangereusement secouées.

***

Il existe d'excellentes obligations industrielles étrangères, mais la surveillance et le choix en sont encore plus malaisés que pour celles de notre pays. Il y faut des connaissances spéciales qui ne sont à la portée que d'un très petit nombre de personnes, à qui leur situation ou leurs relations permettent d'être renseignées de première main.

Nous voulons cependant attirer l'attention sur une catégorie de valeurs fort sûres et d'un très bon rendement. A part quelques capitalistes bien guidés ou très informés, elles sont à peu près ignorées du public français. Nous voulons parler des *obligations des services municipaux* aux États-Unis.

Les sociétés d'eau, de lumière, de traction, de téléphones des grandes villes des États-Unis sont des entreprises extrêmement prospères, parce qu'elles ont pour clientèle une population toujours croissante. Pendant ces quarante ou cinquante dernières années, elles ont résisté à toutes les crises économiques dont les chemins de fer et les autres industries ressentaient les répercussions, parfois jusqu'à y succomber.

« Les obligations de services municipaux émises par des sociétés bien organisées et bien dirigées, écrit un auteur qui en a fait une étude particulière [1], sont considérées aux États-Unis comme le placement idéal pour des rentiers, pour des veuves ou mineurs, autrement dit pour toutes les personnes éloignées des affaires. Le fait que beaucoup de ces obligations sont classées parmi les placements légaux que peuvent faire les banques d'épargne et les *trustees* (curateurs) est significatif, quand on se rappelle que seules les obligations de chemins de fer de la première classe (rapport maximum 4 p. 100), sont rangées dans ces placements autorisés par la loi. Rappelons à ce sujet que les lois qui limitent ces placements sont très sévères, *que les obligations ainsi autorisées portent le timbre spécial de l'État* et qu'un *trustee* ne peut être tenu responsable s'il survient une perte dans le capital confié à ses soins et placé de cette façon. »

Les obligations des grands services municipaux américains appartenant à cette catégorie pour ainsi dire légale, méritent vraiment le nom de placement idéal si l'on considère qu'elles offrent avec la sécurité du capital, un rendement élevé (5 à 5 1/2 p. 100). Mais la sécurité du capital est bien, en ce moment, et sera pour longtemps ce qui intéresse le plus le capitaliste. Les obligations de services municipaux ont l'avantage que les sociétés émettrices possèdent et entretiennent un fonds d'amortissement (ce dont se dispensent les compagnies de chemins de fer des Etats-Unis.) Le remboursement des obligations se fait à date

1. *Les obligations américaines et le portefeuille français*, par LIONEL DE MONTESQUIOU (chez Marcel Rivière).

fixe et, en cas de remboursement anticipé, avec
une prime stipulée sur le titre et qui peut aller
de 5 à 10 p. 100.

Un patrimoine contenant une certaine quantité
de ces obligations, qui répondent aux besoins et
aux principes que nous avons exposés, posséderait
donc aussi quelques-unes des garanties les plus
solides dont puissent jouir humainement des capitaux dans le monde contemporain. La diversité de
ces titres, les dates multiples de leur remboursement plus ou moins rapproché, permettent en outre
aux capitalistes de rentrer dans leurs fonds à des
époques prévues d'avance. Quant à la solvabilité
des sociétés, l'objection tirée de la concurrence
illimitée et de l'absence de monopoles, en Amérique n'est pas valable, étant donné que, de même
que pour les chemins de fer, il s'est établi pour
les services municipaux des monopoles de fait.

Mais comment choisir et se procurer ces valeurs
incomparables? Elles sont extrêmement nombreuses et il n'en peut être donné une liste limi-
tative. L'auteur que nous avons cité plus haut
prend, par exemple, pour types de son étude économique l'*Edison Electric Illuminating Cy of Boston*,
la *Philadelphia Electric*, la *Toronto Electric Light*,
l'*American Telegraph and Telephone*, l'*American
Light and Traction*, etc... Il va sans dire que les
services municipaux de première classe sont infiniment plus nombreux.

Leurs obligations ne sont pas négociées dans
les Bourses américaines. Elles ne sont cotées

qu'en banque, parce que, très bien classées, elles changent de main moins souvent que d'autres valeurs. Pour les acquérir (ce qui ne sera possible que quand l'exportation des capitaux français sera redevenue libre) il faut donc s'adresser à des banquiers américains. Bien entendu, faute d'une connaissance intime des choses américaines qui permette au capitaliste français un choix personnel et un contrôle direct, il importe de ne s'adresser qu'à des banques dont l'honorabilité soit notoirement au-dessus de tout soupçon, et de bien définir le genre de valeurs qu'on veut acheter, selon les indications que nous avons données plus haut, c'est-à-dire les obligations autorisées revêtues du timbre spécial.

A cet égard aussi, les grandes fortunes, qui ont déjà la faculté de diversifier leurs placements, sont bien plus favorisées que les petites et les moyennes, dont les détenteurs n'ont pas les mêmes moyens d'information. Cependant celui qui possède un capital, qui veut le conserver et le léguer autant que possible intact à ses enfants doit se donner de la peine, s'instruire et se renseigner sans cesse. C'est la conclusion qu'on doit tirer de ce chapitre.

CHAPITRE XIII

ACTIONS DES BANQUES ET DES SOCIÉTÉS DE CRÉDIT

Caractère dangereux de ces valeurs. — Absence de contrôle des actionnaires sur la marche des affaires sociales. — Différentes sortes de banques. — Les banques d'émission à privilège. — Les grands établissements de crédit : le système dont ils ont vécu paraît usé. — Les banques d'affaires. — Les Crédits fonciers et les sociétés immobilières : leurs actions et leurs obligations.

L'industrie de la banque est fort complexe et elle a toujours été très aléatoire. Des krachs célèbres, comme celui de l'*Union générale*, en sont la preuve. Trop d'éléments entrent en jeu dans la prospérité et la déconfiture de ces affaires, depuis la situation économique générale jusqu'à l'habileté et la probité des directeurs. Ces valeurs conviennent mal, surtout dans les circonstances actuelles, aux personnes qui se contentent de toucher paisiblement leurs dividendes.

Nous avons connu le chef d'une des plus importantes sociétés anonymes de crédit, à qui sa direction valait des émoluments considérables. Cependant, pour sa part, il ne possédait, de sa maison, que juste le nombre d'actions nécessaire, d'après les statuts, pour appartenir au conseil d'administration. Ce cuisinier, pourtant particulièrement expert et adroit, se méfiait de sa propre cuisine. Combien le public ne doit-il pas se méfier davantage, lui qui ne tient pas la queue de la poêle !

Le contrôle des actionnaires sur l'activité et les résultats des banques est inexistant. Nuls bilans, nuls comptes rendus ne sont plus sommaires que ceux de ces entreprises. Sous prétexte que des renseignements fournis en Assemblée générale profiteraient aux concurrents et nuiraient à la société, les administrateurs s'enferment dans le mystère. Pour les suivre, il faut donc avoir la foi et les affaires d'argent veulent autre chose qu'une foi aveugle.

On sait que les Banques se spécialisent dans les diverses manières de pratiquer le commerce de l'argent. Il n'existe que d'assez lointains rapports, par exemple, entre la *Banque de France* qui émet du papier-monnaie avec privilège de l'État et les établissements de crédit qui, eux-mêmes, ont divers genres d'activité.

Les actions de la *Banque de France* constituent un des placements autorisés pour les remplois dotaux, ce qui ne veut pas dire qu'elles soient à l'abri des fluctuations. Leurs cours ne se sont pas fait faute de varier avec les bénéfices, eux-mêmes très variables, de la société. La guerre a été favorable à la Banque qui, de son côté, a rendu d'immenses services à l'État, peut-être trop, car elle on est devenue, à tous les égards, surtout à celui du crédit, une dépendance. Elle y a gagné le renouvellement de son privilège, ce qui la met à l'abri des attaques dirigées contre elle dans le Parlement et dans la presse. Aussi les cours sont-ils élevés. Le propre de la Banque de France est de gagner plus d'argent en temps de crise, où le taux de l'intérêt est élevé, que dans les temps calmes et prospères. On peut se régler là-dessus pour acheter et vendre ses actions qui ont d'ailleurs l'inconvénient d'être nominatives.

La *Banque d'Algérie*, qui joue dans notre grande possession africaine le même rôle que la Banque de France dans la métropole, a enrichi assez rapidement ses actionnaires au cours des dernières années. Avec le développement de notre Afrique du Nord, elle peut avoir encore des perspectives. Pourtant les personnes qui entreraient aujourd'hui dans cette valeur ne doivent pas, semble-t-il, compter que les cours seront en perpétuelle ascension. On peut en dire autant de la *Banque de l'Afrique Occidentale* qui a pourtant des chances de se développer avec cette colonie d'avenir. Quant à la *Banque d'Indo-Chine* elle a à compter avec les crises monétaires si fréquentes en Extrême-Orient et avec l'instabilité des choses asiatiques.

Les grands établissements de crédit, qui sont comme le Louvre et le Bon Marché de la finance, se livrent à des opérations bien différentes. Ils se règlent sur le modèle du *Crédit Lyonnais* dont la principale industrie consiste d'abord à attirer les déposants par des commodités comparables à celles des grands magasins, ensuite à ne leur servir qu'un intérêt très faible, et à employer ces dépôts d'une manière sûre et plus fructueuse, la différence formant le bénéfice de l'établissement. D'autre part, ces maisons aux succursales multiples placent dans leur large clientèle des titres sur lesquels elles touchent des commissions souvent considérables, mais dont l'actionnaire ne connaît jamais le montant, qui fait partie du secret de la direction.

C'est pourquoi nous conseillons fermement de ne pas accepter les yeux fermés les titres recommandés par les agences des établissements de crédit, peu regardants sur la qualité du papier qu'ils placent pourvu qu'ils touchent la commission. Le public a fait cette expérience à ses dépens sur une large échelle et il a appris que les magasins de valeurs écoulaient, comme le plus vulgaire épicier, des marchandises avariées sans égard pour leur clientèle. Bien que la foule des gogos soit innombrable et se renouvelle sans cesse, on peut penser que les établissements de crédit auront quelque difficulté à continuer ce genre de commerce. D'autre part, il n'est pas certain qu'ils puissent persister à faire fructifier leurs dépôts de la même façon que par le passé et à appliquer la maxime : « Les affaires, c'est l'argent des autres. » A tous les points de vue, les établissements de crédit ont abusé du public. En se désin-

téressant de l'industrie française, ils n'ont pas
acquis la gratitude de la collectivité. La formule
grâce à laquelle ils réalisaient des bénéfices semble
bien périmée. En trouveront-ils une autre qui soit
sûre et productive? Les signes n'en paraissent pas
encore. Enfin la situation de certaines de ces maisons est pénible ; c'est le moins qu'on en puisse
dire. Leurs actions offrent donc peu d'attraits.

Il y a un troisième genre de banques, dont la
Banque de Paris et des Pays-Bas est le type, qui ont
pour spécialité de lancer des affaires et de gérer un
vaste portefeuille de fonds d'États et de valeurs
industrielles et autres. L'actionnaire de ces banques s'en remet à la compétence de la direction.
On a dit que c'était un moyen, pour le rentier
paisible et privé de connaissances particulières, de
participer à un patrimoine administré par des
hommes du métier et de s'intéresser sans risque à
l'industrie. C'est vrai. Seulement on ne voit guère
que ces banques enrichissent leurs actionnaires,
ce qui est la preuve de ce que nous avons dit plus
haut des valeurs industrielles qui, l'une dans
l'autre, les bonnes compensant les mauvaises,
finissent par laisser leur possesseur Grosjean
comme devant. La variété même des entreprises
auxquelles s'intéressent les banques de ce genre,
si elle constitue d'une part une assurance, leur
interdit d'autre part d'espérer de notables plus-
values.

Quant aux banques étrangères, d'une façon
générale, il convient de les laisser de côté. Aux

aléas propres au commerce de l'argent, elles joignent trop d'inconnu. Ne peuvent toucher à ce domaine que des personnes très bien renseignées.

Restent enfin les crédits fonciers et les sociétés immobilières. Ces établissements ont eu une grande vogue et des jours heureux durant les années qui ont précédé la guerre. Il n'en a pas toujours été ainsi. Le *Crédit foncier de France*, (aujourd'hui si solide qu'en 1914 il a refusé de se prévaloir du moratorium et qu'il a payé à guichets ouverts) a connu autrefois de bien tristes moments. Heureusement l'expérience lui a profité. Le sort cruel de la société des *Immeubles de France* ne doit pas être oublié non plus.

Les résultats de ces établissements dépendent pour une part du sérieux de leur gestion et, pour l'autre, de la valeur de la propriété rurale et urbaine. Quand cette valeur est stable ou en ascension, quand les prêts ne sont consentis qu'avec des garanties sérieuses, quand la direction ne se livre pas à des spéculations téméraires, les résultats sont satisfaisants. Mais il faut que ces conditions soient réunies.

Dans les pays neufs, les crédits fonciers ont un vaste champ d'activité. C'est le cas des crédits fonciers du Canada et de la République Argentine où des capitaux français sont intéressés. Il ne faut pas oublier pourtant que les pays neufs sont sujets à des crises profondes.

Il est plus sage d'ailleurs d'acquérir des obligations plutôt que des actions des crédits fonciers,

Les obligations du Crédit foncier de France ont
une réputation de solidité très méritée. En dehors
des sociétés que nous venons de citer, il existe en
Egypte et dans les pays scandinaves des Banques
hypothécaires dont les obligations, cotées à la
Bourse de Paris, sont convenablement garanties.
C'est un bon élément de diversité dans les portefeuilles.

CHAPITRE XIV

LA SPÉCULATION ET LA BOURSE

Dangers de la spéculation à terme. — La partie est inégale et déloyale. — Ceux qui jouent à coup sûr contre ceux qui jouent à l'aveuglette. — La contre-partie. — La spéculation au comptant. — Dans quelle mesure on peut s'y livrer. — Les arbitrages. — Nécessité d'une étude attentive des mouvements de Bourse : c'est une science et un métier. — Conseils pour la vente et l'achat des valeurs et la gestion des patrimoines. — Dangers des engouements et des paniques.

La spéculation consiste essentiellement à vendre des marchandises qu'on ne possède pas ou bien à acheter des marchandises sans avoir l'argent qu'il faudrait pour les payer. Dans le premier cas, on parie que le prix de la marchandise diminuera, et l'on joue à la baisse. Dans le second cas, on parie que ce prix montera et l'on joue alors à la hausse.

On spécule ainsi sur les métaux, la farine, le café, etc... A la Bourse des valeurs, les marchandises sont des fonds d'État, des actions, des obligations. Ce jeu est organisé. Il est légal autant que celui des courses. Il n'en constitue pas moins un des moyens les plus immoraux qui soient de détrousser le public à qui les agents de change, officiers ministériels, offrent le moyen de perdre son argent.

Nous n'exposerons pas le mécanisme de la spéculation à terme. On sait, en gros, qu'il suffit de fournir une « couverture » suffisante et de payer les intérêts de quinzaine ou « reports » pour se livrer à ces opérations. Les lecteurs de cet ouvrage n'ont besoin de connaître qu'une chose : les raisons qu'il y a de ne jamais céder à la tentation de mettre le doigt dans cet engrenage, ni aux tentateurs qui promettent monts et merveilles.

On cite des fortunes qui se sont faites à la Bourse. Ces bénéfices n'ont pu être obtenus que par la ruine d'autres joueurs. En face des gagnants, il y a les perdants. On peut dire que les uns et les autres se recrutent dans deux catégories éternelles : les naïfs qui se fient à la chance ou à des raisonnements mal étayés et qui sont généralement victimes d'une réclame éhontée, et les habiles qui disposent, non seulement de vastes capitaux et de puissants moyens par lesquels ils peuvent au besoin influencer le marché, mais encore de renseignements qui ne sont pas à la portée des simples mortels. La partie n'est pas égale. Les dés sont pipés et c'est la lutte du pot de terre contre le pot de fer.

Deux exemples aujourd'hui historiques suffiront, pensons-nous, à dégoûter de jamais tenter la chance de la Bourse. On sait que la première

guerre balkanique, celle de 1912, fut engagée par
l'initiative du roi Nicolas de Monténégro. Ce
prince peu scrupuleux se livrait à l'agiotage; et,
cette fois, il s'y livra à coup sûr car, en déclarant
la guerre à la Turquie, il détermina lui-même
une chute des cours sur tous les marchés européens. Il était donc certain de gagner en prenant
à l'avance une position à la baisse. De même,
dans l'été de 1914, le fameux baron Rosenberg et
quelques autres financiers austro-allemands de
Paris qui savaient que la guerre était imminente
et décidée par l'Allemagne, empochèrent de nombreux millions en vendant de la rente française,
ce qui constituait à leurs yeux une simple avance
sur la contribution dont Guillaume II se proposait
de frapper la France vaincue.

On voit combien il est téméraire et même
absurde, dans ces conditions, d'affronter les
risques de la Bourse. Le vulgaire joue les yeux
fermés contre des gens qui connaissent le dessous
des cartes. Il joue, en outre, avec des ressources
faibles et limitées contre des détenteurs de capitaux
considérables. Sans compter que les calculs les plus
savants peuvent être dérangés par des événements
imprévus. Il est arrivé de se tromper à Talleyrand
lui-même qui trafiquait à la Bourse de ses renseignements diplomatiques et de son expérience. A
plus forte raison, l'homme qui ne suit la marche
des choses que d'après des journaux souvent in-
fluencés à dessein par les grands spéculateurs, ou
qui s'en rapporte à de vagues « on dit », à ce que

l'on appelle des « tuyaux », est-il condamné d'avance à perdre, croyant à son flair après quelques occasions où la chance l'aura servi.

Comment lutter, par exemple, avec ce banquier qui, averti professionnellement par des signes ignorés des profanes, suppute les variations prochaines du marché de l'argent avec un risque d'erreur minime? Comment lutter encore avec ces administrateurs d'une société qui savent, trois mois avant tout le monde, si le dividende sera augmenté ou diminué, si le titre montera ou baissera, et qui, souvent, propagent des bruits exactement contraires à la vérité? Ce qu'on appelle la *contre-partie* n'est pas seulement la basse escroquerie d'intermédiaire véreux. Faire le contraire de ce qu'on dit est l'usage de la Bourse. Les vieux Parisiens ont souvent conté l'histoire de ce financier qui, tous les jours, et jusqu'en famille, répétait : « Les Lombards vont bien. Les Lombards monteront. » Et son fils, jeune homme sans expérience, de se mettre à la hausse sur les Lombards. La baisse n'ayant pas tardé à se produire, le fils fit des reproches à son père. « Imbécile, lui dit l'autre, sache donc que je m'entraînais à dire que les Lombards allaient bien parce que j'étais moi-même vendeur, sachant qu'ils allaient mal. »

En résumé, nous ne saurions assez conseiller de fuir les spéculations de Bourse, qui ont ruiné tant de malheureux imprudents, et de fermer l'oreille aux suggestions de courtiers malhonnêtes et intéressés, qui proposent des combinaisons mirifiques.

Par contre, il est tout à fait inoffensif et même recommandable, lorsque le marché à terme est en pleine activité, d'y recourir pour acheter des titres dont on se propose d'obtenir livraison ou pour vendre des valeurs que l'on possède effectivement. Le marché à terme, plus large que le marché au comptant, permet d'opérer sur de plus grandes quantités et avec de moindres variations de cours. Ce qu'on doit éviter et regarder comme un jeu pire que le baccara ou la roulette, c'est l'achat ou la vente à découvert, c'est-à-dire sans argent pour lever les quantités achetées ou sans titres pour livrer les quantités vendues.

*
* *

Les opérations au comptant n'offrent pas les mêmes risques et elles peuvent augmenter les revenus des personnes adroites et prudentes. Au fond, l'acquéreur d'une valeur mobilière, comme celui d'une maison ou d'un pré, pense toujours faire une bonne affaire et espère une plus-value. D'autre part, comme nous l'avons vu, il est imprudent de s'endormir sur le portefeuille en apparence le mieux composé. Il y a des valeurs qui vieillissent et qu'on a intérêt à vendre pour les remplacer par d'autres. Le rentier modeste lui-même, nous l'avons dit plus haut, ne doit pas cesser de se renseigner, d'être vigilant et actif autant qu'économe, sous peine de voir son capital fondre par l'usure du temps.

Le capitaliste intelligent, sans se départir de la plus stricte prudence, peut faire de temps en temps, dans la composition de ses valeurs, des changements avantageux qu'on nomme en Bourse des *arbitrages*. Les titres les plus solides sont sujets à des fluctuations que l'homme avisé sait mettre à profit. Remplacer une valeur par une autre de la même catégorie et de la même qualité en réalisant un bénéfice, parfois léger sans doute, mais absolument sûr, est une opération recommandable, une occasion que le père de famille se doit de ne pas laisser échapper.

Le type de l'arbitrage sans danger est fourni par nos obligations de chemins de fer, considérées comme valeurs de tout repos. Les obligations 3 p. 100 des grandes compagnies françaises et algériennes donnent lieu chaque jour à des transactions abondantes. Elles offrent souvent des différences de cours sensibles dont il faut savoir profiter. Leurs échéances étant variées, il est possible aussi, par des arbitrages adroits, de toucher non pas deux coupons semestriels seulement, mais trois ou quatre. Les boursiers désignent dédaigneusement du nom de « margoulins » ceux qui se livrent à ce trafic modeste. C'est parfois, pour les personnes oisives et qui n'ont pas mieux à faire, un moyen de doubler le revenu de valeurs d'un rendement réduit, mais sûr. Il va sans dire, d'ailleurs, que pour se livrer à des arbitrages, il faut laisser ses titres au porteur et ne pas les mettre au nominatif.

Les personnes très attentives, qui ont le don de l'observation et de la mémoire, peuvent développer les opérations au comptant. Certaines valeurs ont des hauts et des bas périodiques, un rythme plus ou moins régulier. Les personnes qui ont étudié ces mouvements peuvent vendre ou acheter tour à tour avec bénéfice. Ce genre de spéculation ne peut porter d'ailleurs que sur un tout petit nombre de valeurs qui exigent des spécialistes. C'est une véritable science qui n'est pas, elle non plus, à la portée de tout le monde. Les profits qu'elle peut donner récompensent un travail assidu. C'est, dans toute la forme du terme, un métier. On ne peut donc l'exercer sans application et sans étude. Dans son *Manuel du spéculateur*, Proudhon, de son temps, décrivait ainsi la besogne du petit nombre des privilégiés qui savent gagner de l'argent à la Bourse :

Les prudents, disait-il, font, d'un bout de l'année à l'autre, des opérations d'arbitrage. Ce sont des capitalistes qui n'achètent jamais au delà de leur fortune disponible. Ils profitent de la baisse pour placer leurs fonds et se contentent, en attendant la hausse, de palper leurs dividendes. Ils réalisent leur avoir quatre, cinq ou six fois par an, plus ou moins, selon les circonstances. Ils vont du Mobilier au Foncier, du Foncier à la Rente, de la Rente aux Chemins de fer, des Chemins de fer aux Petites Voitures, etc...

Encore ne faut-il pas exagérer ce genre de trafic. Il importe de s'y livrer avec assez d'à-propos pour ne pas jouer la fable de l'homme qui, à la fin, se trouvait avoir changé un bœuf contre un œuf. En outre, le plus habile ne peut se flatter d'apprécier avec exactitude le moment où une valeur atteint le tuf de la baisse ou l'apogée de la hausse. Il y a là une part d'incertitude sans compter qu'à trop étendre son clavier et à courir d'une valeur à l'autre on risque, au lieu d'agir à coup sûr, de se charger de titres qu'on connaît peu ou mal.

Hâtons-nous d'ajouter que ce métier stérile pour la société n'est pas de ceux où nous voudrions voir entrer la jeunesse nouvelle qui, avant tout, doit produire. Ces exercices conviennent à des invalides ou à des vieillards.

.

Comme en toutes choses, la modération et le bon sens constituent les qualités maîtresses nécessaires à la conservation et à l'accroissement d'un patrimoine. Pour administrer une fortune, il faut de la réflexion et un jugement qui s'acquiert par l'expérience. Combien de personnes, étourdies, crédules ou présomptueuses n'ont jamais fait que des placements malheureux ! Contre leurs propres entraînements ou contre les exploiteurs, doivent être en garde, surtout, les veuves, les novices qui héritent d'une fortune, et toutes les personnes qui, habituées à un travail intellectuel, sont accessibles aux idées générales et promptes d'imagination, mais que leur profession a toujours éloignées de la pratique des affaires, comme les médecins, les officiers, les ecclésiastiques. C'est dans cette catégorie qu'une réclame financière impudente fait le plus de dupes et qu'on s'abandonne le plus facilement à l'illusion que, sans études préalables, avec de l'inspiration, il est facile de gérer et d'accroître ses capitaux.

Vendre, acheter, arbitrer ne doit se faire qu'à bon escient et à tête reposée. Il est aussi dangereux de céder aux engouements qu'aux paniques. Les professionnels de la Bourse savent très bien que le public achète à la hausse et vend à la baisse. C'est ainsi qu'en peu de temps on se ruine au profit des malins à l'affût des bons coups. Quand on s'aperçoit qu'une valeur périclite ou qu'elle est en danger, il faut s'en défaire sans hâte et avec sang-froid sans jeter le paquet par-dessus bord et à n'importe quel prix. L'homme maladroit, l'impulsif achète toujours au plus haut et vend au plus bas. L'homme réfléchi s'engraisse à ses dépens.

Que l'on commence par diviser judicieusement sa fortune selon les règles que nous avons données et l'on supportera avec calme les vicissitudes des valeurs mobilières. Nous avons vu, en 1905 comme en 1917, les personnes qui possédaient une quantité raisonnable de fonds russes demeurer paisibles, et attendre des jours meilleurs. Les autres s'énervaient et, atteintes dans une partie essentielle de leur revenu, perdaient la tête et vendaient avec une grosse perte, croyant tout compromis. Pourtant, depuis que la Russie a suspendu ses paiements, le cours des rentes russes s'est relevé à plusieurs reprises quand les événements ont laissé espérer la chute du bolchevisme.

En même temps, il faut savoir ne pas reculer devant un sacrifice indispensable et nécessaire. Mieux vaut, dit la sagesse des nations, se couper un bras que de perdre sa tête. L'entêtement est aussi funeste que la précipitation. Parce qu'une valeur a été bonne à un moment donné, ce n'est pas une raison pour qu'elle le redevienne. Beaucoup de gens pensent le contraire. Or, nous l'avons vu, il y a des valeurs qui meurent. Si l'on cherche, selon l'expression consacrée, à se faire une « moyenne » en achetant de nouvelles quantités des titres qui ont baissé, on risque tout simplement d'aggraver sa perte. Les actions des chemins de fer de Paris-Lyon, qui passaient pour des valeurs de pères de famille, n'ont cessé de s'effriter depuis vingt ans. Quiconque se serait acharné à acheter de ces actions pour se faire une moyenne n'aurait réussi qu'à multiplier la perte contre laquelle il aurait cherché à se couvrir.

Nous croyons en avoir dit assez pour convaincre nos lecteurs de la précarité et de la fragilité des valeurs mobilières. Seuls le travail et l'épargne conservent les fortunes après les avoir créées. Il faut y joindre, pour la bonne gestion de ses biens, la sagesse, la prudence, le savoir et la raison.

CHAPITRE XV

LE CAPITALISTE, LES IMPÔTS ET LES LOIS

Multiplication et aggravation des impôts. — La tentation d'y
échapper. — Dangers de la fraude et de la dissimulation en ce
qui concerne l'impôt sur le revenu et les droits de succession.
— L'intérêt des patrimoines et des familles ne s'accorde pas
toujours avec les dons de la main à la main et les partages
secrets. — Quelques cas et quelques exemples. — Divers
moyens employés pour se soustraire aux impôts. — Trésors et
cachettes. — Dépôts de titres et de fonds à l'étranger : écueils à
éviter. — Les échanges de renseignements entre les États. —
Péril des doubles taxations. — Une précaution légitime : la
provision dans une banque anglaise ou américaine. — Conclusion et moralité de ce chapitre.

L'insécurité des capitaux menace de s'accroître
par le fait du désordre économique et politique
que la guerre a répandu à travers le monde. D'autre
part, la tendance de la société moderne est de
traiter en ennemis le capital et la fortune acquise.
L'État ayant en outre besoin de ressources considérables les demande à une taxation de plus en
plus sévère. La jalousie démocratique et les
exigences budgétaires conspirent à multiplier les
impôts aux dépens de l'épargne la plus honnête.

Si l'ingéniosité du fisc est grande, celle du contribuable ne l'est pas moins. De tout temps la matière imposable a cherché à s'échapper. L'esprit de dissimulation et de fraude se développe en raison même du poids des impôts. Toutefois, au temps où nous sommes, l'État pourchasse et traque toujours plus étroitement les fraudeurs et cherche à les saisir de toutes parts dans le réseau de ses dispositions légales. Il importe donc de savoir à quels inconvénients ou à quels dangers s'exposent les personnes qui, n'étant pas assez convaincues de la nécessité du devoir fiscal, veulent esquiver les taxes et les impôts.

L'impôt sur le revenu est celui auquel le contribuable est le plus tenté de se soustraire, au moins partiellement. La déclaration est libre et le contrôle est encore vague, le système n'étant en France qu'au début de son application.

Cependant il serait imprudent de croire que l'administration restera toujours indulgente et désarmée. A mesure que l'impôt sur le revenu prendra de l'âge, les renseignements se multiplieront chez le percepteur. Chaque contribuable aura sa fiche, enrichie des informations fournies par d'autres administrations, celles de l'enregistrement en particulier. Peu à peu le revenu des particuliers sera saisi à toutes ses sources et des surprises désagréables seront réservées aux dissimulateurs[1]. Déjà, en effet, les amendes atteignent des

1. Inutile, pensons-nous, d'ajouter que la sincérité est obligatoire pour les personnes dont les titres sont déposés dans les

taux énormes et elles pourront aller jusqu'à la
confiscation totale des sommes dissimulées.

Pour être productif, l'impôt sur le revenu doit
être extrêmement sévère et ne faire grâce de rien.
C'est ainsi qu'il fonctionne dans les pays où il est
appliqué depuis longtemps. Un exemple tiré de
la Prusse sur laquelle nos législateurs ont copié
ce système et où il a atteint la perfection dans la
tyrannie caporaliste, montrera comment une administration vigilante et bien outillée réussit à capter
toutes les sources des revenus.

Un Français, précepteur dans une riche famille
prussienne, avait, selon la loi, déclaré ses appoin-
tements et se croyait ainsi en règle. Quelque
temps après, il est appelé chez le percepteur et le
dialogue suivant s'engage : « Monsieur, dit le fonc-
tionnaire, j'ai le regret de vous dire que votre déclaration n'est pas complète. Vous avez bien
inscrit vos gages. Mais vous êtes logé au château,
si je ne me trompe? — Parfaitement. — A quel
étage, je vous prie? — Au second. — C'est donc,
d'après la valeur locative de la commune, la
somme de tant que j'ajoute. Et vous prenez vos
repas? A la table de famille? — En effet. — Nourriture de choix. Tant pour la nourriture... Un mot
encore. Vous buvez du vin? de la bière?... —
De la bière. — C'est donc tant pour la boisson. »

Avec cela, le contribuable n'était pas quitte. Un
jour, ses parents lui envoient de France un petit

banques et les établissements de crédit où les comptes sont à ciel
ouvert.

fût de vin. Et bientôt le percepteur le rappelle :
« Monsieur, lui dit-il, vous avez déclaré que vous
buviez de la bière à vos repas. Mais la régie m'ap-
prend que vous avez reçu du vin. Vous allez donc
boire du vin pendant quelques semaines. C'est un
supplément que je dois ajouter à vos ressources
normales. »

Il est peu probable que les mœurs françaises
s'accommodent jamais d'un régime aussi méticu-
leux et aussi inquisiteur, ou bien il échouera sur
la résistance de l'esprit public. Mais il n'est pas
douteux que l'impôt sur le revenu, après la tolérance des débuts, deviendra de plus en plus strict
si l'on veut qu'il dure et qu'il produise quelque
chose. Et les moyens d'information du fisc s'éten-
dront et se préciseront, surtout pour la fortune
acquise. La fraude et la dissimulation partielles
resteront sans doute possibles. Les personnes qui
voyagent pourront toujours, par exemple, toucher des coupons à l'étranger. Mais ceux-là dont
la conscience ne répugne pas au mensonge doivent
bien savoir qu'un moment arrive où le fisc reprend
ses droits : c'est à l'ouverture des successions.
Quiconque se préoccupe de ses héritiers, de sa
femme et de ses enfants, doit savoir qu'une déclaration inexacte de son revenu les expose, après sa
mort, à des amendes et à des confiscations.

Les droits de succession constituent en France
un élément important des ressources publiques.
On frappe de préférence les morts parce qu'ils
ne crient pas et qu'ils ne votent pas. Le législa-

teur a donc été conduit à prévenir et à réprimer les évasions par tous les moyens en son pouvoir. De plus en plus, l'État tendra à intervenir au moment des décès pour empêcher les héritiers de se soustraire aux taxes. C'est ainsi que l'envoi en possession est soumis à des conditions sévères. Les coffres-forts loués à deux noms (ordinairement celui du mari et de la femme) dans un établissement de crédit sont l'objet d'une réglementation particulière, de même que les *comptes joints* dans les banques. Ces anciens moyens de fraude sont éventés.

Reste toujours la possibilité de partager de l'argent, où des valeurs mobilières au porteur, de la main à la main. Nul n'ignore que cette pratique est courante dans les familles. Quand cette soustraction et ce partage s'étendent à des sommes considérables, il y a cependant plusieurs risques qu'on ne doit pas méconnaître.

En premier lieu, les héritiers doivent savoir que la déclaration faite par le défunt pour l'impôt sur le revenu sert de contrôle à l'enregistrement pour la déclaration de la succession. C'est la contre-partie du cas que nous avons envisagé tout à l'heure et où le fisc trouvait dans la succession plus que le *de cujus* n'avait annoncé pour son revenu annuel. Si le fisc trouve moins, ce n'est plus le mort qu'il frappera par une lourde amende. Ce sont les héritiers eux-mêmes qu'il poursuivra pour fraude et pour vol. L'époux survivant ou les enfants qui conservent ou se distribuent une somme d'argent liquide importante ou des titres au porteur doivent s'assurer au préalable qu'ils ne feront pas dans la fortune du défunt un trou capable d'attirer l'attention du fisc et ils devront se mettre d'accord avec le revenu déclaré dans les dernières années du conjoint ou des ascendants.

A ces partages qui ne laissent pas de traces, il y a un autre inconvénient. Les inventaires et les actes de succession sont destinés à protéger les patrimoines et à empêcher qu'ils ne passent entre des mains étrangères. Un héritage qui n'est pas constaté par un acte authentique risque souvent d'échapper à la famille à laquelle il doit appartenir d'après la nature et la loi. Nous connaissons des cas très divers où des héritiers ont eu lieu de regretter de s'être partagé entre eux une fraction de la succession pour échapper aux taxes. Ainsi un fils marié meurt sans enfants : la part de l'héritage paternel non constatée par le notaire grossit la fortune de sa femme et passe ensuite à un nouveau mari ou à des neveux de l'autre branche. Même résultat en cas de séparation de biens et de divorce, la fraction soustraite étant tombée dans la communauté. Enfin des enfants qui ont laissé par ce procédé une partie de la fortune paternelle ou maternelle aux mains de l'époux survivant pour éviter la double taxe sont exposés à se voir un jour frustrés par le remariage du survivant. Quand on tourne la loi, on renonce aussi à ses garanties.

Tous ces arrangements, pris dans l'idée de soustraire aux atteintes du fisc la plus grande partie possible d'un patrimoine, reposent en général sur l'idée que la famille restera toujours unie ou que ses membres seront frappés par la mort dans l'ordre naturel. Il n'en est malheureusement pas toujours ainsi. C'est pourquoi, sauf exceptions tout à fait motivées, les parents doivent être en garde contre les partages anticipés. Il y a danger, pour les mêmes raisons, à ne pas faire figurer dans un contrat la totalité d'une dot pour échapper aux droits de donation.

*

Les temps dans lesquels nous sommes entrés nous ramènent aux époques où la richesse cherchait à se défendre par toutes sortes de ruses et de cachettes contre les exactions et les brigandages. Les fortunes menacées s'efforcent de se dissimuler ou de se transformer de telle façon que le possesseur, au milieu des bouleversements et des incertitudes de l'époque, puisse mettre une part de ses biens à l'abri du fisc et aussi, en cas de besoin, retrouver une valeur réelle. Sous des formes modernes, la pratique du trésor, si répandue dans les siècles et dans les pays barbares, tend à s'imposer de nouveau. La crainte de l'impôt et le doute qui commence à s'attacher au papier (valeurs et même billets de banque), incitent beaucoup de personnes à se créer une sorte de réserve en nature, constituée d'objets précieux d'un petit volume et facile à transporter.

Cet usage est resté courant dans les pays asiatiques, parmi lesquels il faut comprendre la Russie. Nous avons connu un riche négociant français de Moscou qui, prévoyant la révolution, portait constamment sur lui une bourse remplie de pierres précieuses, s'assurant ainsi contre les risques d'une spoliation qui, d'ailleurs, sous le régime bolchevik, ne devait pas tarder. De même les monastères orthodoxes, dont quelques-uns possédaient des richesses considérables, enfouissaient des diamants et des perles, plus aisément maniables que des lingots et qui représentent une valeur universellement négociable. En Allemagne, en Autriche, les mêmes pratiques ont été observées depuis la débâcle du papier et l'imminence d'impôts extraordinaires sur les fortunes.

La nature humaine, à travers les âges et les climats, reste la même. L'ébranlement de l'ordre social ramène les usages des temps primitifs. Depuis la guerre, on a vu beaucoup de personnes acheter des bijoux, de l'argenterie et même des toiles de maîtres, afin de représenter au moins une partie de leur fortune autrement que par du papier. Encore s'agit-il de ne pas remplacer une valeur qu'on croit artificielle par une autre valeur qui peut le devenir, ce qui est en particulier le cas de la peinture dont le prix est affaire de mode et aussi affaire de circonstances. Au cas d'un grand bouleversement de la société comme celui dont la

Russie a été le théâtre, un Raphaël ou un Titien ne sont pas une marchandise d'un placement facile ou avantageux.

Beaucoup de personnes sont tentées par le fait que les objets d'art, depuis quelques années, ont monté d'une façon extraordinaire et ont souvent enrichi leurs possesseurs. Outre qu'il y a des exceptions, il faut s'attendre à des dépréciations lentes ou brusques dont plus d'un collectionneur a déjà fait l'expérience.

L'*impôt sur le capital*, devant lequel le gouvernement français a reculé jusqu'ici, doit également être pris en considération. Si cet impôt devait entrer un jour dans nos lois, il n'est pas douteux qu'il atteindrait les mobiliers. En Hollande, où cet impôt existe, le fisc contrôle les déclarations des contribuables qui doivent, sur réquisition, ouvrir leur maison et leurs tiroirs. Il devient alors coûteux de posséder trop de belles choses. Et l'on ne pourrait jurer que l'État, pour faire face à ses besoins, n'en viendra pas là. La taille, la dîme et la gabelle paraîtront douces en comparaison.

**

Les dépôts d'argent ou de titres dans les banques étrangères sont un procédé couramment employé. En France, beaucoup de personnes y avaient eu recours avant 1914 pour échapper à l'impôt sur le revenu qui, alors, était un épouvantail. Pour être efficace, cette mesure doit s'en-

tourer de nombreuses précautions. Les occasions
d'erreur sont nombreuses. Ce n'est pas seulement
la banque qui doit être choisie avec grand soin
mais encore la nationalité et le siège de ces banques. Ainsi la Belgique avait été considérée comme
un lieu de refuge très sûr. Or la Belgique, malgré
sa neutralité, a été envahie la première. Pendant
tout le temps de la guerre les personnes qui
n'avaient pas retiré leurs dépôts ont été privées
de leur revenu et, si l'Allemagne eût été victorieuse, elle eût certainement confisqué leur
capital.

On se tromperait surtout si l'on s'imaginait
qu'il suffit, pour abriter sa fortune, de lui faire
passer la frontière, en suivant les sollicitations
intéressées des banques étrangères. Il faut connaître d'abord la législation de l'État dans lequel
on envoie son argent si l'on ne veut pas s'exposer
à payer, par exemple, deux fois l'impôt sur le
revenu ou exposer nos héritiers à payer deux fois
des droits de succession, dans leur pays et dans
le pays de refuge. La même remarque s'impose,
bien entendu, pour l'achat d'immeubles à l'étranger.

Durant les premières années du xixᵉ siècle, le
gouvernement français avait déjà cherché à conclure avec les gouvernements étrangers des accords
destinés à établir un échange de renseignements
au sujet des dépôts de leurs ressortissants. L'exemple avait été donné dès 1843 par une convention
passée par l'administration française et l'adminis-

tration belge pour la perception réciproque des droits d'enregistrement. Il résulte de cette convention que tous les actes dont l'enregistrement belge a connaissance passent immédiatement à l'enregistrement français. Les personnes de nationalité française qui se proposaient de dissimuler de l'argent en Belgique devaient donc faire bien attention qu'en aucun cas leurs opérations ne donnassent lieu à des actes susceptibles d'être enregistrés dans ce pays.

Il y a plus : en 1907, une entente franco-anglaise a établi un régime précis d'échanges de renseignements au sujet des successions des ressortissants des deux pays. Le gouvernement britannique fournit donc au gouvernement français toutes les indications qu'il a recueillies lui-même sur l'héritage, en prélevant pour son compte les droits successoraux. D'où il résulte que les héritiers ont à payer les taxes françaises après les taxes anglaises, et ce doublement de droits qui sont également lourds des deux côtés de la Manche peut aller, pour de grosses sommes, jusqu'à une confiscation des deux tiers.

Étant donné que les États vont être pendant de longues années à l'affût de toutes les ressources et qu'ils pourchasseront le capital, il est possible que ces arrangements s'étendent et se multiplient et qu'ils s'appliquent aux divers impôts, y compris l'impôt sur le revenu. Le capitaliste français fera donc bien de s'informer avant d'envoyer son argent au dehors, s'il ne veut pas imiter Gribouille. Il est à penser que d'ici peu de temps, en procédant à leur réorganisation financière, les États alliés vont chercher à resserrer la surveillance autour de ceux qu'on appelle déjà les « déserteurs de l'impôt ».

Il restera sans doute des pays qui seront heureux d'attirer les capitaux en leur assurant un traitement privilégié. Tel a été jusqu'à présent le cas de la Suisse. Reste à savoir si cet état de choses durera, si pour des raisons intérieures ou extérieures (pression diplomatique de ses voisins, par exemple), la Suisse, malgré la diversité de législation de ses cantons, n'en viendra pas aussi à restreindre son droit d'asile.

Il va sans dire que des pays exotiques, sud-américains par exemple, seraient heureux d'accueillir des capitaux français sans les dénoncer. Mais là, c'est la sécurité qui manque. Quant aux États-Unis, ils en sont encore à l'âge d'or du capitalisme. Le droit de propriété et le secret des affaires y sont regardés, jusqu'ici, comme à peu près inviolables et l'État de New-York est particulièrement renommé pour son libéralisme à cet égard.

Nous ne conseillerons jamais à personne de mettre tous ses œufs dans le même panier et de confier *tous* ses titres en dépôt à une *seule* banque, fût-elle américaine. Cependant il peut être utile de déposer quelque argent ou un certain nombre de valeurs chez un ou plusieurs banquiers américains jouissant d'un solide crédit. C'est une assurance contre les catastrophes qui, éventuellement, pourraient encore menacer l'Europe. Nous voyons tous les jours des Russes qui, contraints d'émigrer, ne sont pas réduits à la misère dans leur exil parce qu'ils avaient, en temps calme, prévu la possibilité des orages.

Sans aller jusqu'aux hypothèses tragiques, il est toutefois recommandable pour les personnes qui font des affaires avec l'étranger ou qui voyagent fréquemment à l'étranger d'avoir une provision dans une banque anglaise ou américaine. Il est malheureusement à craindre que, d'ici longtemps, nous ne revoyions plus le franc au cours qu'il avait autrefois sur tous les marchés du monde. A la suite de la guerre, le change sur les places étrangères nous est devenu défavorable et il est probable qu'il le restera pendant une période prolongée. La livre sterling et surtout le dollar seront exposés à moins de variations. Il peut donc être utile de stabiliser d'avance une certaine somme pour ne pas être victime, en cas de besoin, d'une brusque tension du change et d'une dépréciation de la monnaie française.

Nous conclurons ce chapitre en disant que la prudence est légitime mais que la fraude n'est pas toujours prudente. Elle fait souvent tomber de Charybde en Scylla celui qui y a recours. Enfin le bon citoyen doit se dire que le devoir fiscal est un devoir comme un autre et qu'après une guerre où toutes les fortunes se seraient englouties sans la victoire, le sacrifice d'argent n'est rien auprès du sacrifice du sang. La fraude n'est excusable

que quand l'État ne remplit plus sa tâche essentielle, qui est de donner la sécurité à la nation,
ou quand il ne garantit plus la propriété et qu'il
confisque arbitrairement les biens.

CHAPITRE XVI

TÂCHES ET BESOINS DU TEMPS PRÉSENT

Transformations et nécessités. — Le besoin de produire. — Les capitaux sont la réserve des producteurs. — Aux générations nouvelles. — Le « tempérament d'obligataire » et le « tempérament d'actionnaire ». — Français et Allemands. — Perspectives d'avenir. — La France ne peut plus être un « pays de rentiers ».

Les principes que nous avons exposés et les conseils que nous avons donnés dans ce livre sont destinés à servir de guide pour conserver les patrimoines et en prévenir, autant que possible, la dissolution. Les méthodes que nous recommandons, appuyées sur le raisonnement et sur l'expérience, sont donc avant tout *conservatoires*. Et c'est déjà beaucoup, nous l'avons vu, quand on arrive à ce résultat que les capitaux péniblement amassés ne se volatilisent pas.

Garder une fortune par le discernement, la prudence et l'économie, la transmettre intacte à ses successeurs, c'est difficile et c'est même très beau. Toutefois les temps dans lesquels nous sommes entrés demandent autre chose.

Depuis de longues années, le but auquel
tendaient, en France, la plupart des classes de
la société, c'était d'arriver, le plus tôt possible, à
vivre sans rien faire, fût-ce chichement, d'un
revenu médiocre ou d'une retraite payée par une
grande administration ou par l'État. C'est ce
qu'on appelait jadis « vivre noblement ». Ainsi la
France tendait à devenir peu à peu un pays de rentiers, puissant par sa prodigieuse faculté d'épargne,
mais où la notion du travail créateur se perdait.

Cette conception de la vie a été violemment
secouée par la guerre. Dans le bouleversement
général, des milliers d'existences, arrangées pour
une médiocrité paisible et qui ne comptaient pas
avec l'imprévu, ont été atteintes avec dureté.
L'honnête aisance dont se contentaient tant de
personnes commence à confiner à la misère. C'est
un mot courant que, d'ici longtemps, on ne
reverra plus la « douceur de vivre » à laquelle la
tragédie de 1914 a mis fin.

On le répète de tous les côtés, et, ce qui est
mieux, c'est une vérité sentie par les nouvelles
générations : il importe de produire, de former de
nouvelles richesses à la place de celles qui ont été
anéanties. La France n'est plus assez riche pour
qu'une quantité d'oisifs et de joueurs de dominos
aussi forte que celle d'autrefois puisse encore
subsister. La France était un pays où il y avait
trop de joueurs de dominos, comme en Angleterre
il y avait trop de joueurs de ballon. Aujourd'hui
la France a sa fortune à refaire. Elle ne recevra

plus du dehors tous les revenus qui, naguère, en faisaient la créancière du monde et compensaient l'insuffisance de son commerce extérieur. Elle s'est, au contraire, endettée envers l'étranger. Alors, si elle ne se met pas à produire, c'est bien simple : rien, chez nous, ne gardera de valeur, ni les rentes de l'État, ni les titres de toute sorte, ni la terre elle-même, parce que ce qui nous reste de richesses, par l'excès des importations, s'en ira au dehors, parce que la monnaie française sera de plus en plus « avariée » par rapport à la monnaie étrangère, et parce que notre actif deviendra peu à peu le gage de nos fournisseurs et de nos créanciers américains qui se mettront peut-être à exploiter notre pays pour leur compte, comme ils en manifestent déjà l'intention. C'est le cas qui s'est produit aux siècles derniers pour l'Espagne, couverte de gloire, mais inactive et endettée, et dont les ressources naturelles ne profitaient qu'aux étrangers. Voilà comment une nation devient serve et prolétaire.

Pour de longues années, pour quelques générations, peut-être, l'état de rentier sera difficile sinon intenable. Le travail ne sera pas seulement un devoir national mais une nécessité individuelle. Entre les mains des hommes jeunes et actifs, le capital devra travailler lui aussi et devenir un instrument de production, sous peine, s'il reste inerte, de se consommer et de disparaître.

Les méthodes que nous avons recommandées, les observations que nous avons consignées dans

ce livre ne doivent donc pas être regardées comme
destinées à fabriquer et à multiplier des rentiers
mais à préserver de la ruine, de l'anéantissement
et des mauvais conseillers nos capitaux plus
précieux que jamais, afin qu'ils soient conservés
intacts pour ceux qui pourront s'en servir d'une
façon active et les faire produire à leur tour.

Il serait absurde d'exiger que tout le monde
mît son argent dans l'industrie pour la raison qu'il
est certain la France doit produire ou mourir. Il
y a quantité de personnes qui ne peuvent courir
le risque des affaires et qui font mieux de s'en
éloigner. Elles y perdraient ce qu'elles possèdent,
faute d'expérience et de jugement. Seuls les
mauvais financiers y gagneraient quelque chose.
Les hommes âgés et qui ne peuvent recommencer
leur vie, les veuves, les personnes qu'une profession libérale rend étrangères aux affaires d'argent ; tous ceux-là ont besoin surtout qu'on
leur indique les moyens d'assurer la sécurité de
leur fortune, dans la mesure où l'esprit humain
peut prévoir les événements. De même un industriel, un commerçant heureux ne peuvent pas
indéfiniment étendre leurs affaires. Le jour vient
où ils ont besoin de consolider leurs bénéfices,
ne fût-ce que passagèrement. Ceux-là aussi doivent,
autant que possible, pouvoir se faire une idée
personnelle sur la manière dont il convient de
placer leur fortune au lieu de s'en rapporter au
hasard ou au premier venu.

On a dit qu'une des infériorités des Français,

avant la guerre, était dans leur « tempérament d'obligataires » tandis que les autres peuples, ceux qui avaient grandi et qui s'étaient enrichis, surtout les Allemands, avaient un « tempérament d'actionnaires ». C'est vrai dans une large mesure. A l'avenir, les Français auront besoin d'être plus « actionnaires », c'est-à-dire plus créateurs de richesses et plus associés à la création des richesses qu'ils ne l'étaient autrefois.

Cependant ce serait une erreur de s'imaginer que tous les Allemands d'avant la guerre, comme tous les Américains, ne cessaient pas de risquer leur argent dans des affaires nouvelles. Ils soufflaient parfois. Ils abritaient une partie de leurs bénéfices dans les valeurs sûres et dans les obligations et ils ne dédaignaient pas la puissance d'accumulation de l'épargne sans laquelle la puissance de création s'épuise vite. Malgré sa forte tendance au nationalisme économique, l'Allemagne possédait, elle aussi, de grandes quantités de valeurs étrangères, mais mieux choisies et réparties que les nôtres. C'était surtout des valeurs américaines, dont il y avait un marché important à Berlin et qui lui ont été plus utiles pendant la guerre que notre portefeuille bourré de russe, d'austro-hongrois et d'ottoman.

Produire, c'est surtout la tâche de la génération nouvelle. Mais elle ne fera fructifier le capital que s'il lui est transmis dans de bonnes conditions. Que cette précieuse réserve ne soit pas étourdiment gérée, inconsidérément gaspillée.

Avec un grand labeur, de belles chances s'offrent aussi aux Français d'aujourd'hui et de demain. Les jeunes à qui échoit une fortune, qui est souvent le débris d'un patrimoine plus gros, n'auront jamais trop de reconnaissance pour ceux qui l'auront amassée et conservée. Les jeunes doivent considérer ce capital comme un outil et un principe d'activité. Beaucoup de travail, un peu de peine, ajoutés à cette mise de fonds, ne tarderont pas à apporter leur récompense. De nos provinces, soulevées l'une après l'autre par un besoin ardent de renaître, s'élève un appel à l'argent qui féconde, à l'intelligence et à l'activité. Notre « houille blanche » attend qu'on la prenne. La paix ajoute à la merveilleuse Algérie la possession indiscutée de ce Maroc où les Allemands avec leur « tempérament d'actionnaires » nous ont montré, par leur convoitise, par leurs installations mêmes, ce qu'il y avait à récolter. Enfin, celui qui reçoit en partage de la bonne terre de France, qu'il la fasse valoir lui-même. Elle lui rendra vite les soins qu'il lui aura donnés.

En fermant ce livre, nous voudrions que le lecteur en gardât cette impression qu'il n'a pas été écrit pour encourager les Français à rester un peuple de rentiers.

FIN

TABLE DES MATIÈRES

MUTATION PAR DÉCÈS. — I. Droits de mutation ordinaire a percevoir sur chaque part nette

PARTS		DEGRÉS DE PARENTÉ.									
		LIGNE DIRECTE descendante.			LIGNE DIRECTE ascendante.			Entre époux.	Entre frères et sœurs.	Entre oncles ou tantes et neveux ou nièces.	Entre grands-oncles ou grand'tantes et petits-neveux ou petites-nièces et entre cousins germains	Entre parents au delà du 4ᵉ degré et personnes non parentes.
		1ᵉʳ degré.	2ᵉ degré.	Au delà	1ᵉʳ degré.	2ᵉ degré.	Au delà					
		p. 100. fr. c.	p. 100. fr. c.	p. 100. fr. c.	p. 100. fr. c.	p. 100. fr.	p. 100. fr. c.	p. 100. fr. c.	p. 100. fr. c.	p. 100. fr.	p. 100. fr.	p. 100. fr.
	fr.	fr.										
Parts nettes de 10 000 francs et au-dessous avec maximum successoral de 25 000 francs.	1 à 2 001 à	2 000 10 000	1 » 1 50	1 50 2 »	2 » 2 50	1 » 1 50	1 50 2 »	2 » 2 50	4 » 4 75	10 » 10 75	12 13	15 16	18 19
Parts nettes supérieures à 10 000 francs et successions dont l'actif total est supérieur à 25 000 francs.	1 à 2 001 à 10 001 à 50 001 à 100 001 à 250 001 à 500 001 à 1 000 001 à 2 000 001 à 5 000 001 à 10 000 001 à Au delà de	2 000 10 000 50 000 100 000 250 000 500 000 1 000 000 2 000 000 5 000 000 10 000 000 50 000 000 50 000 000	1 » 2 » 3 » 4 » 5 » 6 » 7 » 8 » 9 » 10 » 11 » 12 »	1 50 2 50 3 50 4 50 5 50 6 50 7 50 8 50 9 50 10 50 11 50 12 50	2 » 3 » 4 » 5 » 6 » 7 » 8 » 9 » 10 » 11 » 12 » 13 »	2 50 3 50 4 50 5 50 6 50 7 50 8 50 9 50 10 50 11 50 12 50 13 50	3 » 4 » 5 » 6 » 7 » 8 » 9 » 10 » 11 » 12 » 13 » 14 »	3 50 4 50 5 50 6 50 7 50 8 50 9 50 10 50 11 50 12 50 13 50 14 50	5 » 6 » 7 » 8 » 9 » 10 » 11 » 12 » 13 » 14 » 15 » 16 »	10 » 11 » 12 » 13 » 14 » 15 » 16 » 17 » 18 » 19 » 20 »	15 16 17 18 19 20 21 22 23 24 25 26	20 21 22 23 24 25 26 27 28 29 30 31	25 26 27 28 29 30 31 32 33 34 35 36

N. B. — Le montant de la taxe additionnelle (tableau nᵒ II) est à déduire de l'actif de la succession pour la détermination de la part nette de chaque ayant-droit. (Instr. Régie du 10 janvier 1918.)

MUTATION PAR DÉCÈS. — II. Taxe additionnelle perçue sur l'ensemble de la succession quand il n'y a pas d'enfant vivant ou représenté et quand il y a moins de quatre enfants vivants ou représentés (les enfants morts victimes de la guerre étant comptés comme s'ils étaient vivants) à prélever sur l'ensemble de la succession.

PARTS.		NOMBRE D'ENFANTS laissés par le défunt.			
		Trois enfants vivants ou représentés.	Deux enfants vivants ou représentés.	Un enfant vivant ou représenté.	Point d'enfant vivant ou représenté.
		p. 100. fr. c.	p. 100. fr. c.	p. 100. fr.	p. 100. fr.
francs.					
1 à 2 001 à 10 001 à 50 001 à 100 001 à 250 001 à 500 001 à 1 000 001 à 2 000 001 à 5 000 001 à 10 000 001 à Au delà de	2 000 10 000 50 000 100 000 250 000 500 000 1 000 000 2 000 000 5 000 000 10 000 000 50 000 000 50 000 000	0 25 0 50 0 75 1 » 1 25 1 50 1 75 2 » 2 25 2 50 2 75 3 »	0 50 1 » 1 50 2 » 2 50 3 » 3 50 4 » 4 50 5 » 5 50 6 »	1 2 3 4 5 6 7 8 9 10 11 12	2 4 6 8 10 12 14 16 18 20 22 24

Parts nettes supérieures à 10.000 francs et successions dont l'actif total est supérieur à 25.000 francs.											
2.001 à 10.000	2 »	2 50	3 »	3 50	4 »	4 50	6 »	11 »	16	21	26
10.001 à 50.000	3 »	3 50	4 »	4 50	5 »	5 50	7 »	12 »	17	22	27
50.001 à 100.000	4 »	4 50	5 »	5 50	6 »	6 50	8 »	13 »	18	23	28
100.001 à 250.000	5 »	5 50	6 »	6 50	7 »	7 50	9 »	14 »	19	24	29
250.001 à 500.000	6 »	6 50	7 »	7 50	8 »	8 50	10 »	15 »	20	25	30
500.001 à 1.000.000	7 »	7 50	8 »	8 50	9 »	9 50	11 »	16 »	21	26	31
1.000.001 à 2.000.000	8 »	8 50	9 »	9 50	10 »	10 50	12 »	17 »	22	27	32
2.000.001 à 5.000.000	9 »	9 50	10 »	10 50	11 »	11 50	13 »	18 »	23	28	33
5.000.001 à 10.000.000	10 »	10 50	11 »	11 50	12 »	12 50	14 »	19 »	24	29	34
10.000.001 à 50.000.000	11 »	11 50	12 »	12 50	13 »	13 50	15 »	20 »	25	30	35
Au delà de 50.000.000	12 »	12 50	13 »	13 50	14 »	14 50	16 »	21 »	26	31	36

1 à 2.000	0 25	0 50	1 »	2
2.001 à 10.000	0 50	1 »	2	4
10.001 à 50.000	0 75	1 50	3	6
50.001 à 100.000	1 »	2 »	4	8
100.001 à 250.000	1 25	2 50	5	10
250.001 à 500.000	1 50	3 »	6	12
500.001 à 1.000.000	1 75	3 50	7	14
1.000.001 à 2.000.000	2 »	4 »	8	16
2.000.001 à 5.000.000	2 25	4 50	9	18
5.000.001 à 10.000.000	2 50	5 »	10	20
10.000.001 à 50.000.000	2 75	5 50	11	22
Au delà de 50.000.000	3 »	6 »	12	24

N.-B. — Le montant de la taxe additionnelle (tableau n° II) est à déduire de l'actif de la succession pour la détermination de la part nette de chaque ayant-droit. (Inst. Règle du 10 janvier 1918.)

MUTATION PAR DÉCÈS. — III. Déduction sur le montant des droits ordinaires (tableau I) en ce qui concerne la part de l'héritier, donataire ou légataire ayant quatre enfants vivants ou plus au moment de l'ouverture de la succession :

10 p. 100 pour chaque enfant en sus du troisième, avec maximum de réduction de 50 p. 100.

MUTATION PAR DÉCÈS. — IV. Pénalités de retard
(loi du 10 avril 1910).

1 mois 0 fr. 50 p. 100,
6 mois 1 franc p. 100, } du droit dû.
Au delà 1 fr. 50 p. 100,

DROITS DE DONATION ENTRE VIFS

INDICATION DES DEGRÉS DE PARENTÉ.			TARIF. (francs)
En ligne directe.	Partage d'ascendants.	Entre plus de 2 enfants vivants ou représentés.	2 50
		Entre 2 enfants vivants ou représentés.	4 50
	Par contrat de mariage.	Plus de 2 enfants vivants ou représentés.	4 50
		2 enfants vivants ou représentés.	5 50
		1 enfant vivant ou représenté.	6 50
	Hors contrat de mariage.	Plus de 2 enfants vivants ou représentés.	6 50
		2 enfants vivants ou représentés.	8 50
		1 enfant vivant ou représenté.	10 50
Entre époux.	Par contrat de mariage.		8 »
	Hors contrat de mariage.	Plus de 2 enfants vivants ou représentés, issus du mariage.	8 50
		2 enfants vivants ou représentés, issus du mariage.	10 50
		1 enfant vivant ou représenté, issu du mariage.	13 50
		Sans enfant vivant ou représenté, issu du mariage.	17 »
Entre frères et sœurs.		Par contrat de mariage aux futurs.	13 »
		Hors contrat de mariage.	23 »
Entre oncles et tantes et neveux ou nièces.		Par contrat de mariage aux futurs.	15 »
		Hors contrat de mariage.	25 »
Entre grands-oncles, grand'tantes, petits-neveux ou petites-nièces et entre cousins germains.		Par contrat de mariage aux futurs.	17 »
		Hors contrat de mariage.	27 »
Entre parents au delà du 4e degré et entre personnes non parentes.		Par contrat de mariage aux futurs.	21 »
		Hors contrat de mariage.	31 »

Nota. — Les enfants morts victimes de la guerre sont comptés comme enfants vivants.

ACHEVÉ D'IMPRIMER

LE VINGT-QUATRE SEPTEMBRE MIL NEUF CENT DIX NEUF

PAR

PHILIPPE RENOUARD

POUR LA

NOUVELLE LIBRAIRIE NATIONALE

3, Place du Panthéon

PARIS

www.ingramcontent.com/pod-product-compliance
Lightning Source LLC
Chambersburg PA
CBHW060349200326
41519CB00011BA/2082